O SUCESSO
ESTÁ EM
VOCÊ

John C. Maxwell

Mais de 16 milhões de livros vendidos

O sucesso está em você

Descubra seu PROPÓSITO DE VIDA, *atinja seu* POTENCIAL *e* REALIZE SEUS SONHOS

Tradução de
Bárbara Coutinho e Leonardo Barroso

Thomas Nelson Brasil

Rio de Janeiro
2010

Título original
Success 101

Editor responsável	*Julio Silveira*
Supervisão Editorial	*Clarisse de Athayde Costa Cintra*
Produtora Editorial	*Fernanda Silveira*
Capa	*Valter Botosso Jr.*
Tradução	*Bárbara Coutinho e Leonardo Barroso*
Revisão	*Margarida Seltmann*
	Magda de Oliveira Carlos
	Cristina Loureiro de Sá
Projeto gráfico e diagramação	*Julio Fado*

CIP-BRASIL. CATALOGAÇÃO NA FONTE
SINDICATO NACIONAL DOS EDITORES DE LIVROS, RJ

M419a

Maxwell, John C., 1947-
O sucesso está em você: Descubra seu propósito de vida, atinja seu potencial e realize seus sonhos / John C. Maxwell; [tradução Bárbara Coutinho e Leonardo Barroso]. - Rio de Janeiro: Thomas Nelson Brasil, 2009.

Tradução de: Success 101
ISBN 978-85-7860-053-2

1. Liderança. 2. Sucesso. 3. Atitude (Psicologia). I. Título. II. Título: O que todo líder deve saber.

09-3091. CDD: 658.4092
CDU: 005.322:316.46

Rua Nova Jerusalém, 345 – Bonsucesso
Rio de Janeiro – RJ – CEP 21402-325
Tel.: (21) 3882-8200 – Fax: (21) 3882-8212 / 3882-8313
www.thomasnelson.com.br

Sumário

PREFÁCIO

Sou apaixonado por crescimento pessoal praticamente desde sempre. Na verdade, crio e corro atrás de um plano para crescimento todo ano nas últimas quatro décadas! As pessoas dizem que a sabedoria vem com a idade. Eu não acredito que isso seja verdade. Às vezes a idade chega sozinha. Eu não teria alcançado nenhum dos meus sonhos se não tivesse me dedicado à melhoria contínua. Se você quiser crescer e ser o melhor, é preciso realmente querer.

Ao mesmo tempo, a vida é atribulada e complexa. A maioria das pessoas vê o fim do dia muito antes de completar sua lista de tarefas. E tentar chegar ao final em quase todas as áreas da vida pode ser um desafio. Você sabia que já foram produzidas mais novas informações nos últimos trinta anos do que nos cinco mil anteriores? Uma única edição de dia de semana do *The New York Times* contém mais informações do que a maior parte das pessoas da Inglaterra do século XVII provavelmente veria em toda a vida.

Em muitos de meus livros maiores, vou a fundo no assunto. Faço isso porque acho que muitas vezes é a melhor maneira de agregar valor às pessoas. *O sucesso está em você* é diferente. É uma introdução a um assunto, não o "curso avançado". Mas eu acredito que vai lhe ajudar em sua busca de crescimento significativo nessa área de sua vida.

Espero que você goste deste livro e oro para que lhe seja de valia na sua busca para melhorar sua vida e alcançar seus sonhos.

PARTE I

A IMAGEM CERTA DO SUCESSO

Capítulo I

O que é sucesso?

Você não pode alcançar o que não definiu.

O problema da maioria das pessoas que querem ter sucesso não é que elas não conseguem alcançá-lo. O maior obstáculo para elas é que não compreendem bem o que é sucesso. Maltbie D. Babcock disse: "Um dos erros mais comuns e um dos mais custosos é pensar que o sucesso acontece por causa de algum gênio, alguma mágica, uma coisa ou outra que não possuímos."

A imagem tradicional do sucesso

O que é sucesso? Com que ele se parece? A maioria das pessoas tem uma vaga imagem do que significa ser uma pessoa de sucesso e se parece um pouco com isto:

A riqueza de Bill Gates,
o físico de Arnold Schwarzenegger
(ou Marilyn Monroe),
a inteligência de Albert Einstein,
a habilidade atlética de Michael Jordan,
a perícia para os negócios de Donald Trump,
a graça social e pose de Jackie Kennedy,
a imaginação de Walt Disney e
o coração de Madre Teresa.

Pode parecer absurdo, no entanto isso está mais próximo da verdade do que gostaríamos de admitir. Muitos de nós imaginam o sucesso como parecer com outra pessoa —, mas não podemos ser outras oito pessoas! Mais importante ainda, você não deveria querer ser. Mesmo que tentasse ser como ao menos uma dessas outras pessoas, você não conseguiria. Seria uma péssima imitação delas e eliminaria a possibilidade de ser a pessoa que deve ser.

A IMAGEM CORRETA DO SUCESSO

Então como você começa a jornada na direção do sucesso? O que é necessário para ter sucesso? Duas coisas são necessárias: a imagem certa do sucesso e os princípios certos para chegar lá.

A imagem do sucesso não é a mesma para duas pessoas porque todos fomos criados de forma diferente como indivíduos únicos. Mas o processo é o mesmo para todo mundo. Baseia-se em princípios que não mudam. Depois de mais de trinta e cinco anos conhecendo pessoas de sucesso e estudando o assunto, eu desenvolvi a seguinte definição de sucesso:

Sucesso é...
Conhecer seu propósito na vida,
Crescer para alcançar seu máximo potencial, e
Plantar sementes que beneficiarão outras pessoas.

Você pode ver por essa definição que o sucesso é uma jornada e não um destino. Não importa quanto tempo você viva ou o que você decida fazer na vida, você nunca exaurirá sua capacidade de crescer na direção de seu potencial nem nunca se esgotarão as suas oportunidades de ajudar os outros. Quando você vir o sucesso como uma jornada, nunca terá o problema de tentar "chegar" a um ilusório destino final. E nunca se encontrará em uma posição onde alcançou algum objetivo final, somente para descobrir que você ainda não se realizou e está buscando alguma outra coisa para fazer.

Outro benefício de se concentrar na jornada do sucesso em vez de chegar a um destino ou alcançar um objetivo é que você tem o potencial de se tornar um sucesso hoje. No momento em que fizer a mudança para encontrar seu propósito, crescer até seu potencial e ajudar os outros, sucesso é uma coisa que você tem agora, não algo que vagamente espera ter um dia.

Para dominar melhor esses aspectos do sucesso, vamos dar uma olhada em cada um deles:

Conhecer seu propósito

Nada pode tomar o lugar de conhecer seu propósito. O industrial milionário Henry J. Kaiser, fundador da Kaiser Aluminum e do sistema de saúde Kaiser-Permanente, disse: "As evidências de que você não pode começar a atingir o topo a menos que estabeleça algum objetivo na vida são claras." Ou, posto de outra forma, se você não tentar ativamente descobrir seu propósito, é provável que passe sua vida fazendo as coisas erradas.

Eu acredito que Deus criou cada pessoa com um propósito. De acordo com o psicólogo Viktor Frankl: "Todo mundo tem sua vocação ou missão específica na vida. Todo mundo deve executar uma tarefa concreta que exija ser completada. Então essa pessoa não pode ser substituída, nem sua vida pode ser repetida. Assim a tarefa de todo mundo é tão única quanto sua oportunidade específica de implementá-la." Cada um de nós tem um propósito para o qual fomos criados. Nossa responsabilidade — e nossa maior alegria — é identificá-lo.

Aqui estão algumas perguntas para fazer para si mesmo que o ajudarão a identificar seu propósito:

O que estou buscando? Todos nós temos um forte desejo enterrado em nossos corações, uma coisa que fala aos nossos pensamentos e sentimentos mais profundos, uma coisa que acende o fogo de nossa alma. Algumas pessoas têm um forte senso do que é isso quando são apenas crianças. Outros levam metade da vida para descobrir. Mas não importa o que aconteça, está por aí. Você só precisa encontrar.

Por que fui criado? Cada um de nós é diferente. Ninguém mais no mundo tem exatamente os mesmos dons, talentos, histórico ou futuro. Essa é uma das razões pelas quais seria um tremendo erro tentar ser outra pessoa que não você mesmo.

Pense em seu conjunto único de habilidades, os recursos disponíveis para você, seu histórico pessoal e as oportunidades à sua volta. Se identificar objetivamente esses fatores e descobrir o desejo de seu coração, terá feito muito para descobrir seu propósito na vida.

Eu acredito em meu potencial? Não é possível agir consistentemente de uma maneira inconsistente com a forma como você se vê. Se não acreditar no seu potencial, nunca tentará alcançá-lo. E se não estiver disposto a trabalhar para atingir seu potencial, nunca terá sucesso.

Você deveria seguir o conselho do Presidente Theodore Roosevelt, que disse: "Faça o que puder, com o que tiver, onde estiver." Se fizer isso com seus olhos fixos em seu objetivo de vida, o que mais esperarão de você?

Quando eu começo? Algumas pessoas vivem suas vidas um dia de cada vez, deixando que os outros lhes ditem o que e como fazer. Elas nunca tentam descobrir seu verdadeiro propósito de viver. Outras sabem, mas nunca fazem nada a respeito. Elas estão esperando por inspiração ou permissão ou um convite para começar. Mas se esperarem muito tempo, nunca começarão. Então a resposta à pergunta "Quando eu começo?" é AGORA.

Atingindo seu potencial

O romancista H. G. Wells dizia que riqueza, notoriedade, lugar e poder não são absolutamente medidas de sucesso.

A única verdadeira medida de sucesso é a razão entre o que poderíamos ter nos tornado e o que nos tornamos. Em outras palavras, o sucesso vem como o resultado de conseguir atingir seu potencial.

Já foi dito que nosso potencial é o presente de Deus para nós e o que fazemos com isso é o nosso presente para ele. Mas ao mesmo tempo, nosso potencial é provavelmente nosso recurso menos explorado. Henry Ford observou: "Não existe um só homem que não seja capaz de fazer mais do que pensa que pode."

Temos um potencial quase ilimitado e no entanto muito poucos tentam alcançá-lo. Por quê? A resposta está no seguinte: podemos fazer qualquer coisa, mas não podemos fazer tudo. Muitas pessoas deixam todos à sua volta decidir sua agenda na vida. Como resultado, elas nunca se dedicam de verdade a seu propósito. Elas se tornam espécies de faz-tudo e mestres de nada — em vez de serem bons e focados em uma coisa.

Se isso o descreve mais do que gostaria que descrevesse, você provavelmente está pronto para dar alguns passos para mudar. Aqui estão quatro princípios para colocá-lo no caminho para atingir seu potencial:

1. *Concentre-se em um objetivo principal.* Ninguém jamais atingiu seu potencial dividindo-se em vinte direções. Atingir seu potencial requer foco. É por isso que é tão importante descobrir seu propósito. Depois que decidir onde focar sua atenção, você deve decidir do

que está disposto a abrir mão para fazê-lo. E isso é crucial. Não pode haver sucesso sem sacrifício. Os dois andam de mãos dadas. Se você deseja conseguir pouco, sacrifique pouco. Mas se quiser conseguir grandes coisas, esteja disposto a sacrificar muito.

2. *Concentre-se no aprimoramento contínuo.* Uma vez perguntaram a David D. Glass, CEO das lojas Wal-Mart, quem ele mais admirava. Sua resposta foi o fundador da Wal-Mart, Sam Walton. Ele comentou: "Nunca houve um dia em sua vida, desde que o conheci, em que ele não melhorou de alguma forma." O compromisso com o aprimoramento contínuo é a chave para atingir o seu potencial e para obter sucesso. Cada dia você pode se tornar um pouco melhor do que era ontem. Isso lhe deixa um passo mais perto do seu potencial. E você também descobrirá que o que você obtém como resultado do seu crescimento não é nem de longe tão importante quanto o que se torna no caminho.
3. *Esqueça o passado.* Meu amigo Jack Hayford, pastor fundador da Church on the Way em Van Nuys, Califórnia, comentou: "O passado é um assunto morto, e não podemos ganhar impulso nos movendo em direção ao amanhã se estivermos arrastando o passado atrás de nós." Infelizmente, é isso que muitas pessoas fazem; arrastam o passado com elas onde quer que vão. E, como resultado, nunca obtêm nenhum progresso.

Gosto da atitude de Cyrus Curtis, que já foi dono do *Saturday Evening Post.* Ele tinha um cartaz pendurado em seu escritório que dizia: "O ontem acabou na noite passada." Era sua maneira de lembrar a si e a seus empregados de que o passado já era, e que devemos olhar para frente, não para trás.

Talvez você tenha cometido muitos erros em sua vida ou tenha tido um passado especialmente difícil com muitos obstáculos. Liberte-se dele e siga adiante. Não deixe que lhe impeça de atingir seu potencial.

Se precisar de inspiração, pense nas outras pessoas que ultrapassaram obstáculos aparentemente intransponíveis, como Booker T. Washington. Ele nasceu escravo e teve acesso negado aos recursos disponíveis à sociedade branca, mas nunca deixou que isso o impedisse de buscar seu potencial. Ele fundou o Tuskegee Institute e a National Black Business League [Liga Nacional Negra de Negócios]. Ele disse: "Aprendi que o sucesso deve ser medido não tanto pela posição que uma pessoa atingiu na vida, mas pelos obstáculos que ela ultrapassou enquanto buscava o sucesso."

Pense em Helen Keller, que perdeu sua visão e audição aos dezenove meses de idade. Helen superou suas severas deficiências, formou-se pelo Radcliffe College e tornou-se escritora, palestrante famosa e defensora dos deficientes visuais.

Pense em Franklin Delano Roosevelt. Em 1921, aos trinta e nove anos de idade, teve um severo caso de pólio que o deixou paraplégico e com dores terríveis. Ele nunca mais andou sem assistência. Mas não deixou que isso o impedisse de correr atrás de seu potencial. Oito anos depois, tornou-se governador de Nova York e, em 1932, foi eleito presidente dos Estados Unidos.

Sem dúvida, você pode pensar em outros que superaram tragédias ou erros passados para perseguir seu potencial. Você pode até conhecer pessoalmente algumas pessoas que venceram adversidades para obterem sucesso. Deixe que elas lhe inspirem. Não importa o que você teve de enfrentar no passado, você tem o potencial para superá-lo.

4. *Concentre-se no futuro.* Yogi Berra, que está no Hall da Fama do Beisebol, declarou: "O futuro não é mais o que era antes." Embora isso possa ser verdade, ainda é o único lugar que temos para ir. Seu potencial se encontra à sua frente — quer você tenha oito, dezoito, quarenta e oito ou oitenta anos. Você ainda tem espaço para melhorar. Você pode se tornar melhor amanhã do que é hoje. Como diz o provérbio espanhol: "Quem não olha para frente fica para trás."

Lançando sementes que beneficiam os outros

Quando você conhece seu propósito na vida e está crescendo para atingir seu potencial máximo, está no caminho certo para se tornar um sucesso. Mas existe mais uma parte essencial da jornada: ajudar os outros. Sem esse aspecto, a jornada pode ser uma experiência solitária e superficial.

Já foi dito que ganhamos a vida com o que recebemos, mas mudamos vidas com o que damos. Albert Schweitzer, médico, teólogo e filósofo, foi até mais enfático: "O propósito da vida humana é servir, e mostrar compaixão e desejo de ajudar os outros." Para ele, a jornada para preencher seu propósito o levou à África, onde serviu às pessoas por muitos anos.

Para você, lançar sementes que beneficiem os outros provavelmente não significará viajar para outro país para servir aos pobres — a menos que esse seja o propósito que você nasceu para satisfazer. (E se for, você não ficará satisfeito enquanto não estiver fazendo isso.) No entanto, se for como a maioria das pessoas, ajudar os outros é uma coisa que pode fazer bem aqui em casa, seja passando mais tempo com sua família, desenvolvendo um empregado que demonstra potencial, ajudando as pessoas na comunidade ou pondo seus desejos em pausa em prol de sua equipe no trabalho. A chave é encontrar seu propósito e ajudar os outros enquanto o busca. O apresentador Danny Thomas insistia que "todos nascemos por um motivo, mas nem todos descobrimos por quê. O sucesso na vida não tem nada a ver com o que você ganha na vida ou consegue para si. É o que faz pelos outros."

A jornada em direção ao sucesso e realização não parecerá a mesma para todo mundo porque a imagem do sucesso é diferente para cada pessoa. Mas os princípios usados para cumprir a jornada não mudam. Podem ser aplicados em casa, na escola, no escritório, no campo de futebol e na igreja.

É sobre isso que é o restante deste livro — os princípios que podem ajudá-lo a descobrir seu propósito, atingir seu potencial e lançar sementes que beneficiem os outros. Não importa onde você está agora. É possível aprender e aplicar essas ideias. É possível obter sucesso hoje.

Capítulo 2

Em que direção devo ir?

Você nunca irá além de onde seus sonhos o levarem.

Se você mora em uma cidade perto do oceano, pode ter visto anúncios de "cruzeiros para lugar nenhum". Talvez tenha até mesmo estado em um. As pessoas embarcam no navio cruzeiro e quando deixam o píer, em vez de ir em direção a uma ilha exuberante ou outro lugar exótico, vão para o mar e viajam em círculos por alguns dias. Enquanto isso, comem refeições suntuosas, ficam à beira da piscina, curtem os shows e participam das atividades a bordo. É parecido com se hospedar em um ótimo hotel ou resort.

O problema para muitas pessoas é que suas vidas são parecidas demais com esses cruzeiros. Estão viajando sem um destino predefinido, sem um caminho a seguir. Estão em um padrão de espera, e ocupam seu tempo buscando prazeres ou atividades que não têm nenhum benefício duradouro.

Enquanto isso, viajam em círculos. No fim, não terminam melhores do que começaram. Um cruzeiro para lugar nenhum pode ser um jeito divertido para ocupar alguns dias de férias, mas não é maneira de se viver a vida.

Como mencionei anteriormente, o sucesso é uma jornada. Você não se torna de repente um sucesso quando chega a um determinado lugar ou atinge um certo objetivo. Mas isso não significa que deva viajar sem identificar um destino. Você não pode atingir seu objetivo e seu potencial se não souber em que direção deve ir. Precisa identificar e navegar na direção de seu destino. Em outras palavras, precisa descobrir qual é o seu sonho.

O PODER DE UM SONHO

Eu acredito que cada um de nós tem um sonho no coração. Não estou falando sobre querer ganhar na loteria. Esse tipo de ideia vem de um desejo de escapar de nossas atuais circunstâncias, não de correr atrás de um sonho verdadeiro. Estou falando sobre uma visão que fala à alma lá no fundo. É o que nascemos para fazer. Ele vem dos nossos talentos e dons. Atrai nossos ideais mais elevados. Acende nossos sentimentos de destino. Está inseparavelmente ligado ao nosso propósito na vida. O sonho nos inicia na jornada do sucesso.

Quando eu procuro o nome de uma pessoa que identificou e viveu seu sonho, penso no pioneiro da indústria automobilística e visionário Henry Ford. Ele afirmava: "O grande segredo de uma vida bem-sucedida é descobrir qual é o seu destino, e então realizá-lo."

O sonho de Ford cresceu de seu interesse em qualquer coisa mecânica. Desde criança, sempre teve paixão por estudar e mexer com máquinas. Aprendeu sozinho sobre motores a vapor, relógios e motores a combustão. Viajou pelo interior fazendo reparos de graça, só para poder pôr as mãos em máquinas. Tornou-se mecânico e relojoeiro. Até trabalhou à noite como engenheiro na Detroit Edison Company.

Ford ficava cada vez mais intrigado com a ideia do automóvel e devotou cada vez mais atenção a isso. Em 1896, construiu seu primeiro carro em um galpão atrás de sua casa. Depois disso, continuou a pensar em como melhorar seus esforços iniciais, e estudou o trabalho de outros construtores de carros, incluindo o de Ransom E. Olds, que fez o primeiro Oldsmobile em 1900.

De seu amor por máquinas e fascínio pelo automóvel nasceu o sonho de Ford: a criação de um automóvel barato para produção em massa. Até então, a nova carruagem sem cavalos era um item caro e luxuoso, disponível apenas para os ricos. Mas Ford estava determinado a deixar o automóvel ao alcance das pessoas comuns. Em 1899, ajudou a montar a Detroit Motor Company. Mas quando seus colegas se opuseram à ideia de manufaturar seu produto de forma barata para vendê-lo para as massas, ele abandonou a empresa. No entanto, agarrou-se a seu sonho e seus esforços finalmente compensaram. Em 1903, organizou a Ford Motor Company e começou a produzir o Model T. No primeiro ano, sua nova empresa produziu pouco menos de 6.000 carros. Mas apenas oito anos depois, eles produziam mais de 500.000. E conseguiram reduzir o preço inicial de venda de 850 para apenas 360 dólares. O sonho de Ford tinha se tornado realidade.

Ford já foi chamado de gênio e a ele se creditam o nascimento da linha de montagem e da produção em massa. Mas independentemente do que conseguiu, seu bem mais valioso era seu sonho e sua disposição para se devotar a ele.

Um sonho faz muitas coisas por nós:

Um sonho nos dá direção

Você já conheceu uma pessoa que não tivesse ideia do que queria da vida e, no entanto, era altamente bem-sucedida? Eu também não. Todos precisamos de uma coisa que valha a pena correr atrás. Um sonho nos dá isso. Age como uma bússola, dizendo em que direção devemos viajar. E até termos identificado essa direção certa, nunca saberemos ao certo se nosso movimento na verdade é progresso. Nossas ações podem nos levar tanto para trás quanto para frente. Se você se mover em qualquer direção diferente da do seu sonho, perderá as oportunidades necessárias para obter sucesso.

Um sonho aumenta nosso potencial

Sem um sonho, podemos ter dificuldade para ver potencial em nós porque não olhamos além das nossas atuais circunstâncias. Mas com um sonho, começamos a nos ver sob uma nova luz, como tendo um maior potencial e sendo capazes de nos esticar e atingi-lo. Toda oportunidade que vemos, todo recurso que descobrimos, todo talento que desenvolvemos, se torna uma parte de nosso potencial de crescimento na direção desse sonho. Quanto maior o sonho, maior o potencial. E. Paul Hovey disse: "O mundo de um cego é delimitado pelo alcance de seu toque; o mundo de um ignorante pelos limites de seu conhecimento; o mundo de um grande homem pelos limites de sua visão." Se sua visão — seu sonho — é grande, então assim é o seu potencial para o sucesso.

Um sonho nos ajuda a priorizar

Um sonho nos dá esperança no futuro e também nos traz poder no presente. Faz com que seja possível priorizar tudo que fazemos. Uma pessoa que tem um sonho sabe do que está disposta a abrir mão para crescer. Ela pode medir tudo que faz de acordo com o fato de que contribui ou não para o sonho, concentrando sua atenção nas coisas que lhe levam mais para perto dele e dando menos atenção a tudo que não leva.

Ironicamente, muitas pessoas fazem exatamente o contrário. Em vez de se concentrarem em seu sonho e abrirem mão das coisas menos importantes, elas querem manter todas as opções abertas. Mas quando o fazem, na verdade têm mais problemas porque tomar decisões se torna extremamente complicado para elas. São como um artista que rodopia pratos.

Você deve ter visto uma dessas apresentações em um antigo programa televisivo de variedades como *The Ed Sullivan Show*. O artista põe um prato sobre uma vareta longa e fina e o gira. Enquanto o prato está girando, se equilibra sobre a ponta da vareta. Então ele põe a vareta sobre um aparelho para que fique em pé. Então faz a mesma coisa com outra vareta e prato, e depois mais um. Fica adicionando pratos até que vários deles estejam girando. Enquanto segue, deve ocasionalmente parar, voltar e girar mais os pratos anteriores para que eles não caiam.

Um artista que é realmente bom nisso consegue colocar vários pratos girando muito rápido no começo. Mas com o passar do tempo, mesmo os bons acham mais difícil fazer algum progresso porque estão gastando todo seu tempo voltando para manter os pratos iniciais girando. Botar o último prato geralmente leva um tempão.

Manter todas suas opções em aberto é muito parecido com isso. Inicialmente, é divertido ter tantas possibilidades em aberto diante de você. Parece uma excelente ideia. Mas com o passar do tempo, você não consegue fazer nenhum progresso porque passa todo o seu tempo preservando as opções em vez de seguir adiante.

Quando você tem um sonho, não tem esse problema. Pode gastar seu tempo e energia apenas nos "pratos" que o levam mais para perto de seu sonho. Pode deixar todos os outros pararem de girar e quebrarem no chão. Eles não são importantes. Saber disso libera seu tempo para se concentrar nas poucas coisas que fazem a diferença e o mantém no caminho certo.

Um sonho agrega valor ao nosso trabalho

Um sonho põe tudo que fazemos em perspectiva. Até mesmo as tarefas que não são emocionantes ou imediatamente compensadoras aumentam seu valor quando sabemos que no fim das contas elas contribuem para alcançarmos um sonho. Cada atividade se torna uma peça importante naquele panorama geral. Isso me lembra da história de um repórter que conversou com três pedreiros assentando concreto em uma obra.

— O que você está fazendo? — perguntou ao primeiro.

— Estou ganhando meu salário — murmurou o primeiro.

O repórter fez a mesma pergunta a um segundo trabalhador, que olhou para trás e disse:

— O que parece que estou fazendo? Estou assentando concreto.

Então ele notou um terceiro homem, que estava sorrindo e assobiando enquanto trabalhava.

— O que você está fazendo? — perguntou ao terceiro trabalhador.

Este parou o que estava fazendo e disse animado:

— Estou construindo um abrigo para os sem-teto — limpou as mãos em um pano e apontou. — Veja, ali é onde será a cozinha. E aquilo ali é o dormitório feminino. Aquilo ali...

Cada homem estava fazendo o mesmo trabalho. Mas só o terceiro estava motivado por uma visão maior. Seu trabalho concretizava um sonho e agregava valor aos seus esforços.

Vince Lombardi afirmou: "Acredito firmemente que o melhor momento de qualquer homem — sua maior realização de tudo que preza — é o momento em que trabalhou duro por uma boa causa e está exausto no campo de batalha — vitorioso." Um sonho fornece a perspectiva que torna esse tipo de esforço possível.

Um sonho prevê o nosso futuro

Katherine Logan disse: "Uma visão antevê o que pode ser nosso. É um convite para fazer uma coisa. Com uma grande imagem mental podemos ir de uma realização a outra, usando os materiais à nossa volta apenas como apoio para o que é mais alto, melhor e mais satisfatório. Assim nos tornamos possuidores dos valores não vistos que são eternos."

Quando temos um sonho, não somos apenas espectadores recostados e esperando que tudo fique bem. Estamos sendo parte ativa no moldar do propósito e sentido de nossa vida. E os ventos da mudança não simplesmente nos sopram para lá ou para cá. Nosso sonho, quando perseguido, é o prognosticador mais provável do nosso futuro. Isso não significa que temos qualquer garantia, mas aumenta tremendamente nossas chances de sucesso.

Aonde seu sonho o levará?

Ouse sonhar e agir sobre seu sonho. Faça-o apesar dos problemas, circunstâncias e obstáculos. A história está cheia de homens e mulheres que enfrentaram a adversidade e obtiveram sucesso apesar de tudo. Por exemplo, o orador grego Demóstenes gaguejava! Na primeira vez em que tentou fazer um discurso público, saiu da tribuna sob gargalhadas. Mas ele tinha o sonho de ser um orador ilustre. Perseguiu seu sonho e atingiu seu potencial. Dizem que ele costumava botar pedregulhos em sua boca e praticar falando com o som das ondas arrebentando na praia. Sua persistência compensou. Ele viveu seu sonho: tornou-se o maior orador do mundo antigo.

Outros ousaram sonhar e obtiveram sucesso. Napoleão, apesar de sua ascendência humilde, tornou-se imperador. Beethoven dava vida à sua visão interior quando compunha sinfonias, mesmo depois de perder sua audição. Charles Dickens sonhou em se tornar escritor e se tornou o romancista mais lido na Inglaterra Vitoriana — apesar de ter nascido em família pobre.

Oliver Wendell Holmes afirmou: "A grande coisa neste mundo não é tanto onde estamos, mas em que direção estamos indo." Essa também é uma das grandes vantagens de se ter um sonho. Você pode ir atrás de seu sonho não importa onde esteja hoje. E o que aconteceu no passado não é tão importante quanto o que vem por aí no futuro. Como diz o ditado: "Não importa o que possa ter sido o passado de uma pessoa, seu futuro é imaculado." Você pode começar a ir atrás de seu sonho hoje!

CAPÍTULO 3

QUAL O PAPEL DO FRACASSO NO SUCESSO?

Você não obterá sucesso a menos que esteja disposto a fracassar.

Muitas pessoas acreditam que o processo de atingir o sucesso deve ser fácil. O grande inventor norte-americano Thomas Edison observou essa atitude entre as pessoas. E aqui está como ele respondeu a isso:

> O fracasso é realmente uma questão de presunção. As pessoas não trabalham duro porque, em sua presunção, imaginam que obterão sucesso sem fazer nenhum esforço. A maioria das pessoas acredita que acordarão um dia e se verão ricas. Na verdade, isso está metade certo, porque eventualmente elas acordam.

Cada um de nós precisa fazer uma escolha. Vamos dormir a vida toda, evitando o fracasso a todo custo? Ou vamos acordar e perceber isto: o fracasso é simplesmente um preço que pagamos para obtermos sucesso.

O FRACASSO NÃO É...

Se você conseguir mudar sua perspectiva sobre o fracasso, isso o ajudará a perseverar — e, no fim de contas, alcançar seus desejos. Então, como você deve julgar o fracasso? Dando uma olhada em sete coisas que o fracasso *não* é:

1. AS PESSOAS ACHAM QUE O FRACASSO É EVITÁVEL... NÃO É

Todo mundo fracassa, falha e comete erros. Você já ouviu o provérbio "Errar é humano, perdoar é divino". Alexander Pope escreveu isso há mais de 250 anos. Ele estava apenas parafraseando um provérbio que era comum há 2.000 anos, no tempo dos romanos. As coisas hoje são as mesmas que eram antes: se você é um ser humano, vai cometer erros.

Provavelmente você conhece a Lei de Murphy e o Princípio de Peter. Recentemente eu me deparei com uma coisa chamada "As Regras Para Ser Humano". Acho que isso descreve bem o estado em que estamos como pessoas:

Regra nº 1: Você aprenderá lições.
Regra nº 2: Não há erros — apenas lições.
Regra nº 3: Uma lição é repetida até ser aprendida.

Regra nº 4: Se você não aprender as lições mais fáceis, elas ficam *mais difíceis.*
(A dor é como o universo consegue sua atenção.)
Regra nº 5:Você saberá que aprendeu uma lição quando suas ações mudarem.

Veja, o escritor Norman Cousins estava certo quando disse: "A essência do homem é a imperfeição." Então saiba que vai cometer erros.

2. AS PESSOAS ACHAM QUE O FRACASSO É UM INCIDENTE... NÃO É

Enquanto crescia, eu pensava que o sucesso e o fracasso vinham em um momento. O melhor exemplo que consigo pensar é fazer uma prova. Se você tirou zero, isso significa que fracassou. Mas eu percebi que o fracasso é um processo. Se você se dá mal em uma prova, não significa que fracassou em um incidente pontual. O zero mostra que você negligenciou o processo anterior à prova.

O fracasso é como o sucesso. Não é um lugar onde você chega. Assim como o sucesso não é um acontecimento isolado, o fracasso também não é. O sucesso ou o fracasso vem de como você lida com a vida no caminho. Certamente, ninguém pode concluir que fracassou a menos que dê seu último suspiro. Até então, tudo ainda está em andamento e o júri ainda não deu o veredicto.

3. As pessoas acham que o fracasso é objetivo... não é

Quando você erra — quer calcule mal números cruciais, perca um prazo, perca um negócio, faça uma má escolha em relação a seus filhos, ou quando perde a bola — o que determina se essa ação foi um fracasso? Você olha para o tamanho do problema que causa ou quanto dinheiro vai custar à sua empresa? É determinado por quanto você tem de acalmar seu chefe ou pelas críticas de seus colegas? Não. O fracasso não é determinado dessa maneira. A verdadeira resposta é que você é a única pessoa que realmente pode chamar o que faz de fracasso. É subjetivo. Sua percepção a seus erros e sua reação a eles determinam se suas ações são um fracasso.

Você sabia que empreendedores quase nunca conseguem emplacar seu primeiro negócio? Ou o segundo? Ou o terceiro? De acordo com Lisa Amos, professora de negócios da Universidade de Tulane, a média para empreendedores é de 3,8 fracassos antes de finalmente conseguirem sucesso no mundo dos negócios. Eles não se deixam abater por problemas, falhas ou erros. Por quê? Porque eles não veem contratempos como fracassos. Reconhecem que três passos para frente e dois para trás ainda são um passo para frente. E como resultado, superam a média e obtêm sucesso.

4. As pessoas acham que o fracasso é o inimigo... não é

A maioria das pessoas tenta evitar o fracasso como uma doença. Têm medo dele. Mas só a adversidade cria o sucesso.

O técnico de basquete Rick Pitino ainda é mais enfático: "O fracasso é bom", diz. "É um fertilizante. Tudo que aprendi sobre ser técnico aprendi cometendo erros." As pessoas que veem o fracasso como o inimigo são cativas daquelas que o conquistam. Herbert V. Brocknow acredita que "aquele que nunca comete um erro recebe ordens de alguém que os comete". Observe qualquer pessoa altamente bem-sucedida e descobrirá uma pessoa que não vê um erro como o inimigo. Isso vale para qualquer empreitada. Como disse a musicóloga Eloise Ristad: "Quando nos damos permissão para fracassar, ao mesmo tempo nos damos permissão para nos superarmos."

5. As pessoas acham que o fracasso é irreversível... não é

Há um velho ditado no Texas: "Não importa quanto leite você derrama desde que não perca a vaca." Em outras palavras, erros não são irreversíveis. Mantenha tudo em perspectiva. Os problemas vêm quando você vê apenas o leite derramado e não todo o panorama. As pessoas que veem o fracasso corretamente tiram de letra.

Erros não fazem com que elas queiram desistir.
O sucesso não faz com que pensem que já são campeãs.

Todo evento — seja ele bom ou ruim — é só um pequeno passo no processo de viver. Ou como diz Tom Peters: "Se não se fizessem coisas tolas, nunca aconteceriam coisas inteligentes."

6. As pessoas acham que o fracasso é um estigma... não é

Erros não são gravados em pedra. Eu adoro a perspectiva do senador Sam Ervin Jr. Ele afirmou: "A derrota serve tão bem quanto a vitória para sacudir a alma e deixar a glória ganhar vida." É assim que precisamos olhar para o fracasso.

Quando você cometer erros, não deixe que eles o puxem para baixo. E não fique pensando neles como um estigma. Faça de cada fracasso um passo para o sucesso.

7. As pessoas acham que o fracasso é definitivo... não é

Até o que pode parecer um enorme fracasso não precisa impedi-lo de alcançar o que você quer. Veja a história de Sergio Zyman. Ele era a mente criativa por trás da New Coke, uma coisa que o consultor de marketing Robert McMath vê como um dos maiores fracassos de todos os tempos.[1] Zyman, que conseguiu introduzir a Diet Coke, acreditava que a Coca-Cola precisava agir corajosamente para reverter seu declínio de vinte anos contra a rival Pepsi. Sua solução foi parar de oferecer a bebida que tinha sido popular por quase cem anos, mudar a fórmula e oferecê-la como New Coke [Nova Coca-Cola]. A medida foi um tremendo fracasso que durou setenta e nove dias e custou à empresa cerca de 100 milhões de dólares. As pessoas detestaram a New Coke. E isso fez com que Zyman saísse da empresa.

Mas os problemas de Zyman com a New Coke não o desanimaram. Na verdade, ele nem os vê como fracassos. Anos mais tarde, quando indagado se havia sido um erro, Zyman responde:

— Não, categoricamente.

Um fracasso?

— Não.

Uma falha, um fiasco, um erro de cálculo?

— Outra palavra entre erro e, hã, outra coisa, — responde. — Agora, se você me disser: "A estratégia em que vocês embarcaram não deu certo", eu direi, "Sim, absolutamente não funcionou. Mas a totalidade da ação acabou sendo positiva."

No fim das contas, o retorno da Coca-Cola Classic tornou a empresa mais forte.

A avaliação de Zyman foi confirmada por Roberto Goizueta, o falecido presidente e CEO da Coca-Cola Company. Ele recontratou Zyman na Coca-Cola em 1993.

"Julgue os resultados", disse Goizueta. "Somos pagos para produzir resultados. Não somos pagos para estarmos corretos."[2]

Abrace o fracasso

Como você pode se ajudar a aprender uma nova definição de fracasso e desenvolver uma perspectiva diferente em relação ao fracasso e ao sucesso? Errando. Chuck Braun, da Idea Connection Systems, incentiva seus *trainees* a pensar diferente estabelecendo uma cota de erros. Ele dá a cada aluno uma cota de trinta erros para cometer para cada sessão de treinamento. E se um aluno esgotar os trinta? Ganha mais trinta. Como resultado, os alunos relaxam, pensam nos erros sob uma nova ótica, e começam a aprender.

Ao se aproximar de seu novo grande projeto ou tarefa, dê-se uma cota razoável de erros. Quantos erros você deve esperar cometer? Vinte? Cinquenta? Noventa? Dê-se uma cota e tente atingi-la antes de completar a tarefa. Lembre-se, os erros não definem o fracasso. Eles são simplesmente o preço da conquista na jornada para o sucesso.

Capítulo 4

Como posso começar?

O primeiro passo para o sucesso
é administrar-se excepcionalmente bem.

Você já trabalhou com pessoas que não se administravam muito bem? Muitas vezes pensamos que autoadministração significa tomar boas decisões todos os dias, quando na verdade precisamos tomar algumas decisões críticas em áreas importantes da vida e depois administrar essas decisões no dia a dia.

Aqui está um exemplo clássico do que quero dizer. Você já fez uma resolução de ano-novo de que ia se exercitar? Você provavelmente acredita que se exercitar é importante. Tomar uma decisão de fazê-lo não é tão difícil, mas administrar essa decisão — e levá-la adiante — é muito mais difícil. Digamos, por exemplo, que você entre de sócio para uma academia na primeira semana de janeiro. Quando se inscreve, está animado. Mas na primeira vez em que aparece na academia, tem muita gente lá. Há tantos carros que a polícia está controlando o trânsito. Você dirige por quinze minutos e finalmente encontra uma vaga — a quatro quarteirões de distância. Mas tudo bem; você está lá para se exercitar mesmo, então caminha até a academia.

Então, quando entra no prédio, precisa esperar até mesmo para entrar no vestiário para trocar de roupa. Mas você pensa: *Tudo bem. Eu quero entrar em forma. Vai ser ótimo.* Pensa assim até terminar de se vestir e descobrir que todos os aparelhos estão sendo usados. Mais uma vez é preciso esperar. Finalmente, você pega um aparelho — não é o que queria de verdade, mas, poxa, você fica nele — e se exercita por vinte minutos. Quando vê a fila para o chuveiro, decide deixar para lá, pega suas roupas e se troca em casa.

Ao sair, você vê a gerente da academia, e decide reclamar sobre a quantidade de gente. Ela diz: "Não se preocupe. Volte em três semanas, e poderá ficar com a vaga mais próxima e o aparelho que quiser. Porque aí 98% das pessoas que entraram terão saído!"

Uma coisa é decidir se exercitar. Outra é seguir o plano de fato. Quando todo mundo sair, você terá que decidir se sairá como todo mundo ou se continuará. E isso requer autoadministração.

O QUE PESSOAS BEM-SUCEDIDAS DEVEM AUTOADMINISTRAR

Se quer ser bem-sucedido e ganhar credibilidade com seu chefe e com os outros, concentre-se em se cuidar nestas sete áreas:

1. Administre suas emoções

É importante para todo mundo administrar as emoções. Ninguém gosta de passar seu dia ao lado de uma bomba emocional que pode "explodir" a qualquer momento. Líderes e outras pessoas bem-sucedidas sabem quando exibir suas emoções e quando adiá-las. Às vezes, eles as mostram para que seus colegas possam sentir o mesmo que eles. Isso os provoca. Isso é manipular? Não acho, desde que as pessoas estejam fazendo isso pelo bem da equipe e não para ganho pessoal. Como os líderes veem mais longe e antes do que os outros, muitas vezes também experimentam as emoções antes. Ao mostrar à equipe o que está sentindo, está ajudando a que vejam o que você está vendo.

Outras vezes os líderes têm de guardar seus sentimentos por um tempo. Em seu livro *American Soldier* [Soldado Americano], o General Tommy Franks escreveu sobre um incidente devastador que ocorreu no Vietnã quando ele era um oficial júnior e o exemplo que lhe foi dado nessa área pelo Tenente-Coronel Eric Antilla, que pôs os homens que comandava em primeiro plano em relação a suas necessidades emocionais:

> Eu estudava os olhos de Eric Antilla. Sabia que ele estava tomado pela angústia, mas não demonstrava. Estávamos na guerra; ele estava comandando tropas em combate. E sua silenciosa resolução ao enfrentar essa catástrofe nos dava força a todos. Em uma hora ele sentiria sua dor, mas agora estava duro como uma rocha. Na guerra, é necessá-

rio que os comandantes consigam adiar suas emoções até que possam se dar ao luxo de tê-las.[1]

Quando digo que pessoas bem-sucedidas devem adiar suas emoções, não estou sugerindo que as neguem ou enterrem. O principal em administrar suas emoções é que você deve colocar os outros — não você — em primeiro plano em como lida com elas e as processa. Quer adie ou demonstre suas emoções, isso não deve ser feito para sua própria gratificação. Você deve se perguntar: *Do que a equipe precisa?* E não: *O que me fará sentir melhor?*

2. Administre seu tempo

Questões relacionadas à administração de tempo são difíceis, mas são ainda mais para pessoas que não estão no topo nem na base de uma organização. Líderes no topo podem delegar. Trabalhadores na base geralmente batem ponto. São pagos por hora e fazem o que podem enquanto estão em seu horário de trabalho. Das pessoas nas posições médias que estão tentando ser bem-sucedidas geralmente se espera que trabalhem horas a fio para terminar suas tarefas. Por isso, precisam administrar bem seu tempo.

O tempo é valioso. O psiquiatra e escritor M. Scott Peck disse: "Enquanto você não se valorizar, não valorizará seu tempo. Enquanto não valorizar seu tempo, não fará nada com ele." Em *What to Do Between Birth and Death* [O Que Fazer Entre o Nascimento e a Morte], Charles Spezzano diz que as pessoas não pagam pelas coisas com dinheiro; pagam com tempo. Se você disser para si mesmo: *Em cinco anos, terei guardado dinheiro suficiente para comprar aquela casa de férias*, então o que você está realmente dizendo é que a casa lhe custará cinco anos — um 1/12 de sua vida adulta. "A expressão *gastar seu tempo* não é uma metáfora", disse Spezzano. "É como a vida funciona."

Em vez de pensar no que você faz e o que compra em termos de dinheiro, pense nisso em termos de tempo. Pense nisso. Com o que vale a pena gastar sua vida? Ver seu trabalho sob essa luz pode mudar o jeito como administra seu tempo.

3. Administre suas prioridades

A maioria das pessoas é generalista. Sabem muito sobre muitas coisas. No entanto, a maior parte dos indivíduos bem-sucedidos é altamente focada. O antigo provérbio é verdadeiro: se você caçar dois coelhos, ambos escaparão. Então o que você deve fazer? Deve ainda tentar chegar ao ponto em que pode administrar suas prioridades e concentrar seu tempo da seguinte forma:

80% do tempo — trabalhe onde é mais forte
15% do tempo — trabalhe onde está aprendendo
5% do tempo — trabalhe em outras áreas necessárias

Isso pode não ser fácil de conseguir, mas é o que deve almejar. Se tem pessoas trabalhando para você, tente lhes dar as coisas em que não é bom, mas elas são. Ou, se possível, troque alguns deveres com seus colegas de modo que cada um esteja fazendo aquilo em que é mais forte. Lembre-se, a única maneira de se chegar do meio ao topo é gradualmente mudar de generalista a especialista, de alguém que faz muitas coisas bem para alguém que se concentra nas poucas coisas que faz excepcionalmente bem.

O segredo para se fazer essa mudança geralmente é disciplina. Em *Empresas feitas para vencer*, Jim Collins escreveu:

> A maior parte de nós tem uma vida ocupada, mas sem disciplina. Temos listas de afazeres que não param de crescer, tentando pegar impulso fazendo, fazendo, fazendo — e fazendo mais. E raramente funciona. Aqueles que constroem as empresas feitas para vencer, no entanto, fizeram tanto uso das listas de "não fazer mais" quanto das de afazeres. Demonstraram uma grande disciplina ao cortar todos os tipos de lixo estranho.[2]

Você deve ser implacável ao julgar o que não deve fazer. Só porque gosta de uma coisa não significa que ela deve continuar em sua lista de afazeres. Se for um ponto forte, faça-o. Se o ajuda a crescer, faça-o. Se seu líder diz que você deve lidar com isso pessoalmente, faça-o. Todo o resto é um candidato para a sua lista de "não fazer mais".

4. Administre sua energia

Algumas pessoas precisam racionar sua energia para que ela não se esgote. Até poucos anos atrás, eu não era assim. Quando as pessoas me perguntavam como eu fazia tanta coisa, minha resposta era sempre "Muita energia, pouco QI". Desde criança, eu não parava. Eu tinha seis anos de idade quando percebi que meu nome não era "Acomodado".

Agora que passei dos sessenta, preciso prestar atenção ao meu nível de energia. Em *Thinking for a Change* [Pensando para Mudar], compartilhei uma das minhas estratégias para administrar minha energia. Quando olho para minha agenda todas as manhãs, me pergunto: *Qual é o evento principal?* É para isso que não posso me dar ao luxo de dar menos que o meu melhor. Pode ser para minha família, meus empregados, um amigo, meu editor, o patrocinador de um evento, ou meu tempo para escrever. Sempre me certifico de que tenho a energia para fazê-lo com concentração e excelência.

Mesmo as pessoas com muita energia podem perdê-la sob circunstâncias difíceis. Já observei que líderes nos cargos médios de uma organização muitas vezes precisam lidar com o que eu chamo de "rimas sugadoras de energia".

> *Atividade sem direção* — fazer coisas que não parecem importantes
> *Fardo sem ação* — não ser capaz de fazer as coisas que realmente são importantes
> *Conflito sem resolução* — não ser capaz de lidar com o problema

Se você descobrir que está em uma organização onde tem de lidar muitas vezes com essas rimas, então terá de suar mais para administrar bem sua energia. Ou isso ou você precisa procurar um novo emprego.

5. Administre seus pensamentos

O poeta e romancista James Joyce disse: "Sua mente lhe retornará exatamente o que você puser nela." O maior inimigo dos bons pensamentos é o estar ocupado. Se achar que o ritmo da vida é puxado demais para parar e pensar durante seu dia de trabalho, então adquira o hábito de anotar as três ou quatro coisas que precisam de um bom processo mental ou pensamento nas quais você não pode parar para pensar. Então ache algum tempo mais tarde quando puder dar a esses itens um bom tempo para pensar. Isso pode ser trinta minutos em casa nesse mesmo dia, ou você pode querer manter uma lista em aberto a semana toda e então tirar umas duas horas no sábado. Só não deixe a lista ficar tão longa que o desencoraje ou intimide.

Eu encorajei os leitores em *Thinking for a Change* a ter um lugar para pensar, e escrevi sobre a "cadeira de pensar" que tenho em meu escritório. Não uso essa cadeira para nada além de meu tempo de pensar. E descobri, desde que o livro foi publicado, que não expliquei claro o bastante como usar corretamente a cadeira de pensar. As pessoas em conferências me disseram que sentavam em suas próprias cadeiras de pensar e nada acontecia. Eu lhes expliquei que não sento nessa cadeira de pensar sem uma agenda, simplesmente esperando que uma boa ideia apareça. O que geralmente faço é pensar nas coisas que deixei de lado porque não consegui pensar nelas durante um dia ocupado. Levo a lista para a cadeira, coloco-a na minha frente, e penso em cada item, o tempo que ele precisa. Às vezes, estou avaliando uma decisão que já tomei. Às vezes, estou pensando em uma decisão que vou ter de tomar. Às vezes, estou desenvolvendo uma estratégia. Outras vezes, estou tentando ser criativo ao complementar uma ideia.

Quero encorajá-lo a tentar administrar seus pensamentos dessa maneira. Se nunca fez isso antes, ficará surpreso com o resultado. Um minuto pensando muitas vezes vale mais do que uma hora de conversa ou trabalho não planejado.

6. Administre suas palavras

O lendário treinador de basquete John Wooden disse: "Mostre-me o que pode fazer; não me diga simplesmente o que você pode fazer." Pessoas bem-sucedidas valorizam ação. E se vão parar o que estão fazendo tempo o bastante para ouvir, as palavras que elas ouvem precisam ter valor. Faça com que elas contem.

Em *The Forbes Scrapbook of Thoughts on the Business Life* [Livro Forbes de Pensamentos sobre a Vida dos Negócios], Émile de Girardin diz: "O poder das palavras é imenso. Uma palavra bem escolhida muitas vezes já bastou para parar o ataque de um exército, transformar a derrota em vitória e salvar um império." Se você quiser garantir que suas palavras tenham peso, então pese-as bem. A boa notícia é que se você administrar seu pensamento agora e tirar proveito de tempo concentrado de pensamento, provavelmente também verá melhoras na área da administração de suas palavras.

David McKinley, um líder bem-sucedido em uma grande organização em Plano, Texas, contou-me uma história sobre algo que aconteceu em seu primeiro emprego após a faculdade. Ele estava se preparando para fazer uma visita importante a alguém, e decidiu que deveria pedir ao líder principal que fosse com ele. Quando chegaram lá, David, em seu entusiasmo, não parava de falar. Ele não deu a seu líder a chance de fazer nada além de assistir até o final de sua visita.

Ao voltarem para o carro, o chefe de David lhe disse: "Eu poderia ter ficado no escritório." Continuou explicando como sua presença foi supérflua. David me disse: "Aprendi uma grande lição naquele dia sobre ficar no meu lugar quando estava com o líder sênior. Seu conselho honesto e correção fortaleceram nosso relacionamento e me caíram bem por toda a vida." Se você tem algo a dizer, diga-o rápido e bem. Se não tiver, às vezes a melhor coisa a fazer é ficar quieto.

7. Administre sua vida pessoal

Você pode fazer tudo certo no trabalho e se administrar bem lá, mas se sua vida pessoal estiver uma bagunça, consequentemente ela azedará tudo. O que ganharia uma pessoa se chegasse ao topo dos gráficos organizacionais, mas perdesse seu casamento ou se afastasse de seu filho seu filho? Como alguém que passou muitos anos aconselhando pessoas, posso lhe dizer, nenhum sucesso na carreira vale isso.

Há anos minha definição de *sucesso* é esta: ter o máximo de amor e respeito dos que estão mais próximos de mim. É isso que é mais importante. Quero o amor e respeito de minha esposa, meus filhos e netos antes de querer o respeito de qualquer um que trabalhe comigo. Não me entenda mal. Quero que as pessoas que trabalham comigo me respeitem também, mas não à custa de minha família. Se eu estragar tudo na administração da minha casa, então o impacto negativo vai atingir todas a área de minha vida, incluindo o trabalho.

Lidere a si mesmo primeiro

Se você quer influenciar os outros, deve sempre se administrar primeiro. Se não conseguir, não terá nenhuma credibilidade. Isso é verdade quer queira influenciar as pessoas acima de você, ao seu lado ou abaixo. Quanto melhor você for se certificando de que está fazendo o que deveria estar fazendo, melhores as suas chances de causar um impacto nos outros e de ser bem-sucedido.

PARTE II

AS QUALIDADES ESSENCIAIS PARA O SUCESSO

Capítulo 5

Como trabalho com pessoas?

Não é exagero dizer que a habilidade de trabalhar com pessoas é o ingrediente mais importante do sucesso.

Que preço você colocaria em uma boa habilidade interpessoal? Pergunte aos CEOs bem-sucedidos de grandes empresas qual característica é mais necessária para o sucesso em posições de liderança, e eles lhe dirão que é a habilidade de trabalhar com pessoas. Entreviste empreendedores para descobrir o que separa os sucessos dos fracassos, e eles lhes dirão que é a habilidade com pessoas. Fale com vendedores e eles lhe dirão que o conhecimento de pessoas é muito mais importante do que o mero conhecimento de produtos. Sente-se com professores e comerciantes, supervisores de lojas e donos de pequenos negócios, pastores e pais, e eles lhe dirão que a habilidade com pessoas faz a diferença entre os que se destacam e os que não se destacam. As habilidades com pessoas não têm preço. Não importa o que você quer fazer. Se puder vencer com pessoas, você pode vencer!

Que tipo de pessoa você é?

Há anos os psicólogos tentam dividir as pessoas em várias categorias. Às vezes, um poeta bom observador faz melhor. Ella Wheeler Wilcox o fez no poema "Which Are You?" [Qual Você É?]

> Há dois tipos de pessoas na Terra hoje;
> apenas dois tipos de pessoas, não mais, eu digo.
> Não os pecadores e os santos, pois é bem sabido
> que os bons são metade maus e os maus são metade bons.
> Não os ricos e os pobres, pois para avaliar a riqueza de um homem,
> você deve primeiro conhecer o estado de sua consciência e saúde.
> Não os humildes e orgulhosos, pois no curto período de tempo da vida,
> aquele que tem ares de vaidade não conta como pessoa.
> Não os felizes e os tristes, pois os anos que voam rápido
> trazem a cada homem seu riso e a cada homem suas lágrimas.
> Não; os dois tipos de pessoas na Terra que eu quero dizer
> são as pessoas que levantam e as que se penduram.
> Onde quer que você vá, descobrirá que as massas da Terra,
> sempre são divididas nessas duas classes.

E o que é estranho, você também descobrirá, eu suponho,
há apenas um levantador para cada vinte que se penduram.
Em que classe está você? Você está aliviando a carga
dos levantadores sobrecarregados, que trabalham pelo caminho?
Ou você se pendura, deixando que os outros dividam
sua porção de trabalho, preocupação e cuidado?[1]

Essas são boas perguntas que devemos fazer a nós mesmos, porque nossas respostas terão um impacto enorme em nossos relacionamentos. Acho que Wilcox estava no caminho certo. Há uma tendência a agregar valor a outras pessoas, reduzindo sua própria carga e as levantando, ou elas tiram o valor das outras pessoas, pensando apenas em si próprias e derrubando-as no processo. Mas eu ainda iria além. Acredito que a intensidade com que levantamos ou rebaixamos os outros pode determinar que existem na verdade *quatro* tipos de pessoas no que diz respeito a relacionamentos:

1. Algumas pessoas agregam alguma coisa à vida — Nós gostamos delas

Muitas pessoas neste mundo desejam ajudar os outros. Essas pessoas são somadoras. Elas tornam a vida dos outros mais agradável. São os levantadores sobre os quais Wilcox escreveu. O evangelista D. L. Moody aconselhava as pessoas a...

fazer todo o bem que puderem,
a todas as pessoas que puderem,

de todas as maneiras que puderem,
por quanto tempo puderem.

Moody era um somador.

As pessoas que agregam valor aos outros quase sempre o fazem *intencionalmente*. Digo isso porque agregar valor aos outros exige que uma pessoa dê muito de si, e isso raramente acontece por acaso. Eu me esforço para me tornar um somador. Eu gosto de pessoas e quero ajudá-las. Meu objetivo é ser um amigo.

Recentemente o CEO de uma grande empresa me convidou para falar sobre liderança para sua organização. Depois de ensinar seus executivos e conduzir sessões para seus gerentes, eu tinha ganhado credibilidade suficiente com ele, e o executivo queria fazer algo de bom por mim.

— John, eu gostei do que você fez por nós — disse ele quando estávamos sentados um dia em seu escritório. — Agora, o que eu posso fazer por você?

— Nada — respondi. — Você não precisa fazer nada por mim. — A empresa tinha, é claro, pago pelas minhas palestras, e eu tinha realmente gostado da experiência. Seus funcionários eram inteligentes e estavam ansiosos para aprender.

— Ah, fale sério — disse ele. — Todo mundo quer *alguma coisa*. O que você quer?

— Veja, todo mundo não precisa de um amigo? Uma pessoa que não quer nada? — respondi, olhando em seus olhos. — Só quero ser um amigo.

Ele riu e disse:

— Tudo bem, você será meu amigo.

E é isso que tenho tentado ser. O escritor Frank Tyger diz: "A amizade consiste em um ouvido disposto, um coração compreensivo e uma mão para ajudar." É isso que estou tentando dar a meu amigo.

2. Algumas pessoas subtraem alguma coisa da vida — Nós as toleramos

Em *Júlio César*, o personagem Cassius, do dramaturgo William Shakespeare, afirma: "Um amigo deve carregar os fardos de seu amigo, mas Brutus torna os meus mais pesados do que já são." É isso que fazem as pessoas que subtraem. Elas não carregam nossos fardos, e tornam mais pesados os que já temos. O que é triste sobre as pessoas que subtraem é que o que elas fazem geralmente não é intencional. Se você não sabe como somar, então você provavelmente subtrai por padrão.

Nos relacionamentos, receber é fácil. Dar é muito mais difícil. É parecido com a diferença entre construir algo e destruir. Custa a um artesão capacitado muito tempo e energia para construir uma linda cadeira. Não requer nenhuma capacidade destruir essa cadeira em uma questão de segundos.

3. Algumas pessoas multiplicam as coisas na vida — Nós as valorizamos

Qualquer um que quiser pode se tornar um somador. Basta apenas o desejo de levantar as pessoas e a intenção de levar o plano adiante. Era isso que George Crane estava tentando ensinar a seus alunos. Mas para ir a um novo nível em relacionamentos — tornar-se um multiplicador — deve-se ser intencional, estratégico e habilidoso. Quanto mais talento e recursos uma pessoa tiver, maior o potencial de se tornar um multiplicador.

Eu tenho muita sorte. Tenho vários multiplicadores em minha vida, pessoas altamente capacitadas que querem me ver brilhar, pessoas como Todd Duncan, Rick Goad e Tom Mullins. Cada um desses homens tem o coração de servidor. São os melhores em suas áreas. Valorizam a parceria. Estão sempre gerando grandes ideias. E são apaixonados por fazer a diferença. Eles me ajudam a afiar minha visão e maximizar meus pontos fracos.

Você provavelmente tem pessoas assim em sua vida, pessoas que vivem para ajudá-lo a brilhar e têm as habilidades necessárias para ajudá-lo no caminho. Se conseguir pensar em pessoas que desempenharam o papel de multiplicador em sua vida, pare e tire um tempo para ligar ou escrever para dizer o quanto elas significaram em sua vida.

4. Algumas pessoas dividem as coisas na vida — Nós as evitamos

R. G. LeTourneau, inventor de vários tipos de equipamentos pesados para tratar a terra, diz que sua empresa costumava fazer uma raspadeira que era conhecida como Modelo G. Um dia, um cliente perguntou a um vendedor o que significava o G. O vendedor, como muitas pessoas em sua profissão, pensou rápido e respondeu: "O G significa *gossip* [fofoca], porque, como um fofoqueiro, essa máquina move rápido muita terra e sujeira!"

As pessoas que dividem são pessoas que vão realmente "levá-lo para o fundo do poço", elas o rebaixarão o máximo que puderem, quantas vezes puderem. São como o presidente de empresa que enviou um memorando a seu diretor de RH dizendo: "Procure na organização por um jovem alerta e agressivo que poderia chegar ao meu lugar — e quando encontrar, demita-o."

As pessoas que dividem causam tanto dano porque, diferentemente das que subtraem, suas ações negativas geralmente são intencionais. São pessoas nocivas que querem fazer os outros ficarem mal para aparecerem "bem na fita". Como resultado, prejudicam relacionamentos e destroem a vida dos outros.

Eleve os outros a um nível superior

Acredito que no fundo todo mundo — até a pessoa mais negativa — quer ser um levantador. Todos nós queremos ser uma influência positiva na vida dos outros. E podemos ser. Se você quiser elevar as pessoas e agregar valor a suas vidas, mantenha o seguinte em mente:

As pessoas que elevam se comprometem com encorajamento diário

O filósofo romano Lucius Annaeus Sêneca observou: "Onde houver um ser humano, há uma oportunidade para a bondade." Se você quiser elevar as pessoas, siga o conselho de George Crane. Encoraje os outros e faça isso diariamente.

As pessoas que elevam sabem a pequena diferença que separa machucar de ajudar

As pequenas coisas que você faz todos os dias têm mais impacto sobre os outros do que se possa imaginar. Um sorriso, em vez de uma cara feia, pode fazer o dia de alguém. Uma palavra gentil em vez de críticas eleva o moral de um indivíduo, em vez de arrastá-lo para baixo.

Você tem o poder para fazer a vida de uma outra pessoa melhor ou pior com as coisas que faz hoje. Aqueles mais próximos — seu marido ou esposa, seus filhos, seus pais — são os mais afetados com o que você diz e faz. Use esse poder com sabedoria.

Líderes iniciam o positivo em um ambiente negativo

Uma coisa é ser positivo em um ambiente positivo ou neutro. Outra é ser um instrumento de mudança em um ambiente negativo. E no entanto é isso que as pessoas que elevam tentam fazer. Às vezes, isso requer uma palavra gentil; outras vezes, a ação de um subordinado, e ocasionalmente exige criatividade.

O revolucionário norte-americano Ben Franklin escreveu em sua autobiografia sobre pedir um favor para criar uma conexão positiva em um ambiente negativo. Em 1736,

Franklin estava sendo cotado para uma posição de assistente da assembleia geral. Somente uma pessoa estava entre ele e sua nomeação, um homem poderoso que não gostava de Franklin.

Franklin escreveu: "Tendo ouvido que ele tinha em sua biblioteca um certo livro muito raro, escrevi um bilhete, expressando meu desejo de estudar aquele livro e pedindo que ele fizesse o favor de emprestá-lo a mim." O homem ficou lisonjeado e encantado com o pedido. Ele emprestou o livro a Franklin e os dois se tornaram amigos para a vida toda.

AS PESSOAS QUE ELEVAM SABEM QUE A VIDA NÃO É UM ENSAIO

Aqui está uma citação que sempre adorei: "Espero passar por este mundo apenas uma vez. Qualquer bem então que eu possa fazer, ou qualquer gentileza que eu possa mostrar para qualquer outra pessoa, que faça agora. Não me deixe adiá-lo ou deixar de fazê-lo, pois pode ser que eu não passe por este caminho de novo."[2] As pessoas que elevam as outras não esperam até amanhã ou algum outro dia "melhor" para ajudar as pessoas. Elas agem agora!

Todo mundo é capaz de se tornar uma pessoa que eleva os outros. Você não precisa ser rico. Você não precisa ser um gênio. Você não tem de ser extremamente organizado. Você precisa, sim, se importar com as pessoas e iniciar atividades de elevação. Não deixe passar mais um dia sem elevar as pessoas na sua vida. Fazer isso vai afetar positivamente os relacionamentos que você já tem e vai lhe abrir para muitos mais.

Capítulo 6

As pessoas confiam em mim?

A confiança é o alicerce de todos os relacionamentos.

Se você já viajou por aeroportos menores ou tem muita experiência viajando em voos fretados, provavelmente já viu ou voou em um Learjet. Eu já tive a oportunidade de voar nele umas duas vezes, e é uma experiência e tanto. Eles são pequenos — com capacidade para carregar apenas cinco ou seis passageiros — e muito rápidos. É como entrar em um tubo apertado com motores a jato amarrados nele.

Tenho de admitir, toda essa experiência de andar em um Learjet é muito emocionante. Mas o que é mais impressionante para mim é quanto tempo ele economiza. Já viajei literalmente milhões de milhas em companhias aéreas, e estou acostumado com longas viagens de carro até o aeroporto, devoluções de carros alugados, transferências, congestionamento no terminal e atrasos que parecem não ter fim. Pode ser um pesadelo. Voar em um Learjet pode facilmente reduzir à metade o tempo de viagem.

O pai desse avião impressionante foi um homem chamado Bill Lear. Inventor, aviador e líder de negócios, Lear tinha mais de 150 patentes, incluindo as do piloto automático, rádio para o carro e fitas de áudio de oito canais (não se pode ser o melhor em tudo). Lear foi pioneiro em seu pensamento e, nos anos 1950, viu o potencial para a produção de pequenos aviões corporativos. Ele levou muitos anos para tornar seu sonho realidade, mas em 1963, o primeiro Learjet fez sua viagem de inauguração, e em 1964 ele entregou seu primeiro jato para um cliente.

O sucesso de Lear foi imediato, e rapidamente ele vendeu muitos aviões. Mas pouco depois do início, Lear descobriu que dois aviões dele tinham caído sob circunstâncias misteriosas. Ficou devastado. Nessa época, havia cinquenta e cinco Learjets particulares, e Lear imediatamente mandou dizer a todos os donos que pusessem seus aviões no chão até que ele e sua equipe determinassem o que tinha causado os acidentes. A ideia de que mais vidas poderiam ser perdidas era muito mais importante do que qualquer publicidade adversa que esse ato poderia gerar na mídia.

Enquanto pesquisava os voos malfadados, Lear descobriu uma potencial causa, mas não conseguia confirmar o problema técnico em terra. Só havia uma maneira certa de descobrir se ele tinha diagnosticado o problema corretamente: teria de recriá-lo pessoalmente — no ar.

Era um processo perigoso, mas foi o que ele fez. Quando pilotava o jato, quase perdeu o controle e teve o mesmo destino dos outros dois pilotos. Mas conseguiu sobreviver aos testes e pôde confirmar o defeito. Lear desenvolveu uma nova parte para corrigir o problema e a adaptou em todos os cinquenta e cinco aviões, eliminando o perigo.

Pousar os aviões custou muito dinheiro a Lear. E plantou sementes de dúvidas nas mentes de potenciais clientes. Como resultado, ele precisou de dois anos para reconstruir o negócio. Mas Lear nunca se arrependeu de sua decisão. Estava disposto a arriscar seu sucesso, sua fortuna e até mesmo sua vida para resolver o mistério daqueles acidentes — mas não sua integridade. E isso exige caráter.

A IMPORTÂNCIA DO CARÁTER

Como uma pessoa lida com as circunstâncias da vida lhe diz muitas coisas sobre seu caráter. A crise não necessariamente constrói o caráter, mas certamente o revela. A adversidade é um cruzamento que força uma pessoa a escolher um de dois caminhos: o caráter ou o comprometimento. Toda vez que escolhe o caráter, ela se torna mais forte, mesmo se essa escolha traga consequências negativas. Como disse o escritor vencedor do Nobel, Alexander Solzhenitsyn: "O significado da existência terrena está não em prosperar, como crescemos acostumados a ouvir, mas no desenvolvimento da alma." O desenvolvimento do caráter está no coração de nosso desenvolvimento não só como líderes, mas como seres humanos.

O que toda pessoa deve saber sobre o caráter?

1. O caráter é mais que conversa

Qualquer um pode *dizer* que tem integridade, mas a ação é o real indicador do caráter. Seu caráter determina quem você é. Quem você é determina o que você vê. O que você vê determina o que você faz. É por isso que nunca se pode separar o caráter de uma pessoa de suas ações. Se as ações e intenções de uma pessoa estão continuamente trabalhando uma contra a outra, então olhe para o caráter dela para descobrir por quê.

2. O talento é um dom, mas o caráter é uma escolha

Não temos controle sobre várias coisas na vida. Não escolhemos nossos pais. Não escolhemos o lugar ou as circunstâncias de nosso nascimento e criação. Não escolhemos nossos talentos ou QI. Mas escolhemos nosso caráter. Na verdade, o criamos toda vez que fazemos escolhas — fugir ou encarar uma situação difícil, distorcer a verdade ou ficar sob o peso dela, conseguir o dinheiro fácil ou pagar o preço. Ao viver sua vida e fazer escolhas hoje, você está continuando a criar seu caráter.

3. O caráter traz sucesso duradouro com as pessoas

A verdadeira liderança envolve outras pessoas. (Como diz o provérbio sobre liderança, se você acha que está liderando e ninguém o está seguindo, então você está apenas dando uma caminhada.) Seguidores não confiam em líderes cujo caráter é sabidamente maculado e não continuarão a segui-los.

4. As pessoas não podem subir acima das limitações de seu caráter

Você já viu pessoas altamente talentosas desmoronarem depois que atingem um certo nível de sucesso? O segredo para esse fenômeno é o caráter. Steven Berglas, psicólogo da Escola de Medicina de Harvard e autor de *The Success Syndrome* [A Síndrome do Sucesso], diz que as pessoas que atingem grandes alturas, mas não têm o caráter sólido para sustentá-los pelo estresse estão a caminho do desastre. Ele acredita que elas estão destinadas a um ou mais dos quatro As: *arrogância*, sentimentos dolorosos de *abandono*, busca destrutiva de *aventuras*, ou *adultério*. Cada um deles é um preço terrível a se pagar por um caráter fraco.

Examine-se

Se você se pegou sendo sugado por um dos quatro As que Berglas identifica, peça um tempo. Faça o que precisar para se afastar um pouco do estresse do seu sucesso e busque ajuda profissional. Não pense que o vale em que você está vai passar com o tempo, mais dinheiro ou mais prestígio. Falhas não cuidadas no caráter só tendem a ficar mais profundas e mais destrutivas com o tempo.

Se você não está com dificuldades em nenhuma dessas quatro áreas, ainda deve examinar a condição do seu caráter. Pergunte a si mesmo se suas palavras correspondem às suas ações — o tempo todo. Quando você diz que vai terminar uma tarefa, você sempre vai até o fim? Se diz a seus filhos que estará no recital ou no jogo de futebol deles, você vai? As pessoas podem confiar no seu aperto de mão como confiariam em um contrato legal?

Ao liderar os outros em casa, no trabalho e na comunidade, reconheça que seu caráter é seu bem mais importante. G. Alan Bernard, presidente da Mid Park, Inc., disse: "O respeito que a liderança deve ter exige que a ética seja inquestionável. Um líder não só fica acima da linha entre o certo e o errado, ele também fica bem longe das 'áreas cinzentas'."

Construindo o caráter

Para melhorar seu caráter, faça o seguinte:

Procure as falhas

Passe algum tempo olhando para todas as principais áreas de sua vida (trabalho, casamento, família, igreja etc.), e identifique qualquer lugar onde você possa ter pegado atalhos, comprometido ou desapontado as pessoas. Escreva cada exemplo que você consiga lembrar dos últimos dois meses.

Procure por padrões

Examine as respostas que você acabou de escrever. Há uma área em particular em que você tenha uma fraqueza, ou tem um tipo de problema que vive aparecendo? Padrões detectáveis o ajudarão a diagnosticar problemas de caráter.

Encare a música

O começo do conserto do caráter vem quando você encara suas falhas, pede desculpas, e lida com as consequências das suas ações. Crie uma lista das pessoas a quem deve pedir desculpas pelos seus atos; depois vá até o fim com desculpas sinceras.

Reconstrua

Uma coisa é encarar seus atos passados. Construir um novo futuro é outra. Agora que você identificou áreas de fraqueza, crie um plano que impeça de cometer os mesmos erros de novo.

Um homem levou sua jovem filha ao parque de diversões, e ela imediatamente correu para uma barraca de algodão doce. Quando o atendente lhe entregou um enorme algodão doce, o pai perguntou: "Querida, tem certeza de que consegue comer tudo isso?" "Não se preocupe, papai", respondeu ela. "Sou muito maior por dentro do que por fora."

Isso que é o caráter de verdade — ser maior por dentro.

Capítulo 7

Quão capacitado sou no meu trabalho?

Para acertar na marca, mire acima dela.

Benjamin Franklin sempre pensou em si como um cidadão comum. Nascido em uma família de dezessete irmãos, Franklin era filho de um comerciante, um fabricante de velas, que estava longe de ser rico. Passou por uma infância típica. Só frequentou a escola por dois anos, e aos doze, se tornou aprendiz de gráfico de seu irmão.

Franklin trabalhava duro e levava uma vida simples, governando seus atos de acordo com um conjunto de treze virtudes, segundo as quais ele se avaliava diariamente. Aos vinte anos, começou seu próprio negócio gráfico. Se Franklin tivesse ficado satisfeito de trabalhar em seu negócio, seu nome não seria muito mais do que uma nota de rodapé na história da Filadélfia. No entanto, ele viveu uma vida extraordinária. Foi um dos pais da independência dos EUA e um grande líder da nação emergente. Foi coautor da Declaração de Independência, e mais tarde ajudou a escrever o Tratado de Paris e a Constituição dos EUA. (Foi o único homem que assinou todos os três.) E foi escolhido para desempenhar uma missão diplomática secreta, difícil e perigosa em Paris durante a guerra para assegurar o apoio militar e financeiro para a Revolução.

O que deu a um comerciante do norte a oportunidade de exercer tanta influência entre os ricos donos de terra, predominantemente do sul, que lideraram a guerra de independência? Acredito que foi a incrível competência de Franklin.

Benjamin Franklin se destacou em tudo que tocou por sete décadas. Quando começou seu próprio negócio gráfico em 1726, as pessoas acreditavam que a Filadélfia não podia suportar uma terceira gráfica, mas Franklin rapidamente estabeleceu uma reputação como o melhor e o mais habilidoso gráfico da cidade. Mas o comerciante da Filadélfia não estava satisfeito com apenas esse feito.

A mente de Franklin era curiosa, e ele continuamente buscava meios de melhorar a si e aos outros. Expandiu seu negócio para as publicações, incluindo o célebre *Poor Richard's Almanack* [Almanaque do Pobre Richard]. Fez experimentos extensos com eletricidade e cunhou muitos dos termos ainda associados com seu uso. Inventou numerosos itens, como o aquecedor a lenha, o cateter e as lentes bifocais. E como viajava frequentemente pelo Oceano Atlântico, tomou para si a tarefa de desenhar o mapa da Corrente do Golfo. Sua atitude em relação à vida podia ser vista em um aforismo que escreveu para seu almanaque: "Não esconda seus talentos. Para o uso eles foram feitos. O que é um relógio de sol na sombra?"

As evidências dos talentos de Franklin eram muitas. Ele ajudou a fundar a primeira biblioteca da Filadélfia. Criou o primeiro corpo de bombeiros da nação. Desenvolveu o conceito do horário de verão. E teve muitos cargos no governo.

Na maior parte do tempo, Franklin foi reconhecido por sua habilidade. Mas às vezes precisava deixar sua competência falar por si só. Durante um tempo em que estava trabalhando em melhorias na agricultura, descobriu que o gesso fazia os grãos e a grama crescerem melhor, mas teve dificuldade de convencer seus vizinhos da descoberta. Sua solução? Quando a primavera chegou, foi para um campo perto de uma trilha, cavou algumas letras na terra com suas mãos, pôs gesso nas sendas, e então plantou algumas sementes por toda a área. Quando as pessoas passavam por ali nas semanas seguintes, podiam ver letras verdes crescendo mais fortes do que o resto do campo. Elas diziam simplesmente: "Aqui tem gesso." As pessoas entenderam o recado.

Aumente seu nível de competência

Todos nós admiramos pessoas que demonstram alta competência, quer sejam artistas precisos, atletas mundialmente famosos ou líderes de negócios bem-sucedidos. Mas a verdade é que você não precisa ser Fabergé, Michael Jordan ou Bill Gates para se destacar em termos de competência. Se você quer cultivar essa qualidade, aqui está o que você precisa fazer.

1. Esteja presente todo dia

Existe um ditado que diz: "Quem espera sempre alcança." Infelizmente, às vezes, alcança apenas os restos das pessoas que chegaram primeiro. Pessoas responsáveis aparecem quando são esperadas. Mas as pessoas altamente competentes vão além. Não comparecem apenas de corpo presente. Elas vêm prontas para jogar todo dia — não importa como se sentem, que tipo de circunstâncias estão enfrentando ou quão difícil imaginem que o jogo vai ser.

2. Continue melhorando

Como Benjamin Franklin, todas as pessoas altamente competentes continuamente buscam maneiras de continuar aprendendo, crescendo e melhorando. E fazem isso perguntando *por quê*. Afinal de contas, a pessoa que sabe *como* sempre terá um emprego, mas a pessoa que sabe *por quê* sempre será o chefe.

3. Vá até o fim com excelência

Nunca conheci uma pessoa que eu considerasse competente, mas que não fosse até o fim. Aposto que você também não. Willa A. Foster disse: "A qualidade nunca é um acidente; é sempre o resultado de forte intenção, esforço sincero, direção inteligente e execução competente; representa a sábia escolha de muitas alternativas." Executar com um alto nível de excelência é sempre uma escolha, um ato deliberado.

4. Realize mais do que é esperado

Pessoas altamente competentes sempre correm um quilômetro a mais. Para elas, o bom o bastante nunca é bom o bastante. Em *Men in Mid-Life Crisis* [Homens na Crise de Meia-Idade], Jim Conway escreve que algumas pessoas sentem "um enfraquecimento da necessidade de ser um grande homem e um sentimento aumentado de 'vamos simplesmente terminar isso da melhor maneira possível'. Esqueça os gols. Vamos simplesmente aguentar até o fim do jogo sem tomar uma bolada na cabeça". Pessoas bem-sucedidas não podem se dar ao luxo de ter esse tipo de atitude. Elas precisam fazer o trabalho e mais um pouco, dia sim e dia não.

5. Inspire os outros

Pessoas altamente competentes fazem mais do que desempenhar suas tarefas com alto nível. Elas inspiram e motivam as outras pessoas a fazerem o mesmo. Enquanto alguns confiam apenas em suas habilidades relacionais para sobreviver, pessoas eficazes combinam essas habilidades com alta competência para levar suas organizações a novos níveis de excelência e influência.

Quão competente é você?

Onde você fica no que tange a fazer o serviço? Você ataca tudo que faz com fervor e desempenha suas tarefas com o mais alto nível? Ou bom o bastante às vezes é bom o bastante para você?

Quando você pensa em pessoas que são competentes, na verdade está pensando em apenas três tipos de pessoas:

1. *Aqueles que conseguem ver o que precisa acontecer.*
2. *Aqueles que podem fazer acontecer.*
3. *Aqueles que podem fazer as coisas acontecerem quando realmente importa.*

No que tange a sua profissão, onde você consistentemente se enquadra? É um pensador, um realizador ou *o cara*? Quanto melhor você for, maior potencial para influência terá com seu pessoal.

Entrando no jogo

Para melhorar sua competência, faça o seguinte:

Ponha a cabeça no jogo

Se você tem andado mentalmente ou emocionalmente afastado de seu trabalho, está na hora de voltar. Primeiro, dedique-se novamente a ele. Determine que vai dedicar uma quantidade apropriada de sua atenção total. Segundo, descubra por que tem andado afastado. Você precisa de novos desafios? Está em conflito com seu chefe ou seus colegas? Está em um trabalho sem possibilidade de ascensão? Identifique a fonte do problema e crie um plano para resolvê-lo.

Redefina o padrão

Se você não está desempenhando suas tarefas com um nível consistentemente alto, reexamine seus padrões. Está mirando baixo demais? Pega atalhos? Se pega, reprograme seu cérebro e estabeleça expectativas mais exigentes para você.

Encontre três maneiras de melhorar

Ninguém continua a melhorar sem ter essa intenção. Faça uma pequena pesquisa para descobrir três coisas que você possa fazer para melhorar suas habilidades profissionais. Depois dedique o tempo e o dinheiro para ir até o fim.

Eu li um editorial no *Texas Business* não muito tempo atrás que dizia: "Somos verdadeiramente a geração perdida, correndo feito loucos para lugar nenhum, sempre procurando a placa com um cifrão para seguir. É o único padrão que reconhecemos. Não temos crenças natas, nem limites éticos."

Você é apenas tão bom quanto seus padrões pessoais. Quando foi a última vez em que deu absolutamente o melhor de si para uma tarefa mesmo quando ninguém além de você ia saber disso?

Capítulo 8

Continuo quando os outros param?

Os desistentes nunca vencem e
os vencedores nunca desistem.

No verão de 2001, minha esposa Margaret e eu fomos para a Inglaterra por dez dias com nossos amigos Dan e Patti Reiland, Tim e Pam Elmore, e Andy Steimer. Somos amigos dos Reiland e dos Elmore há cerca de vinte anos, e já viajamos muito juntos, então estávamos muito animados com a viagem. E embora não conhecêssemos Andy há tanto tempo, ele se tornou um amigo — e já foi à Inglaterra tantas vezes que estava agindo quase como nosso guia turístico não oficial.

Enquanto nos preparávamos para a viagem, muitos de nós tinham interesses específicos e lugares históricos que queríamos incluir. Por exemplo, eu queria visitar todos os lugares relacionados a John Wesley, o famoso evangelista do século XVIII. Estudo Wesley, já li todos seus escritos e coleciono seus livros há mais de trinta anos. Então fomos a Epworth, onde ele foi criado, à Capela Wesley em Londres, e a muitos dos lugares onde ele pregou. Para Tim, visitamos Cambridge e outros lugares relacionados ao apologista, professor e escritor C. S. Lewis. Andy tinha apenas um lugar que queria muito ver, já que tinha ido à Inglaterra tantas vezes: os salões de guerra de Winston Churchill.

Três de nós queríamos andar nos lugares onde nossos ídolos tinham andado, para olhar um pouco da história e talvez entender o senso de destino que esses grandes líderes ou pensadores devem ter vivenciado. E tinha o Dan. É claro, Dan gostou de compartilhar dos nossos interesses. Ele adora o assunto liderança, já leu todos os trabalhos de C. S. Lewis e é ordenado pastor wesleyano. E se divertiu muito visitando nossos lugares preferidos. Mas o lugar que ele absolutamente *tinha* de ver era a faixa onde os Beatles tinham sido fotografados para o álbum *Abbey Road*. Dan queria que tirássemos uma foto atravessando a rua, como tinham feito John, Ringo, Paul e George.

Claro, eu gosto dos Beatles, e achei que poderia ser divertido visitar o lugar. Mas para Dan, era mais do que importante. Era essencial. Se não conseguíssemos ir a Abbey Road, então essa viagem não teria sido completa. Por causa disso, todo dia, quando saíamos de nosso hotel em Londres com nosso itinerário, Dan nos pressionava com vontade: "Agora, pessoal, vamos conseguir ir à Abbey Road, né?"

No último dia, tínhamos marcado para finalmente irmos a Abbey Road. Todo mundo, exceto Margaret, acordou às seis da manhã e se amontoou em dois táxis para conseguir cruzar a cidade e chegar à rua do estúdio onde os Beatles gravaram seu último álbum. Dan estava tão animado que pensei que ele fosse quicar pela janela do táxi.

Quando chegamos lá, não acreditamos. A rua estava fechada! Havia caminhões de construção por todo lado, e a faixa estava cheia de cones cor de laranja. Parecia que tínhamos feito a viagem à toa. Como íamos embora de Londres naquela tarde, não teríamos outra chance de tirar a foto. Dan teria de ir para casa de mãos vazias.

Decidimos sair dos táxis assim mesmo, só para avaliar a situação. Imaginamos que poderia haver obras pesadas na rua estreita. No entanto, descobrimos que um guindaste enorme, que estava a quase um quilômetro de onde estávamos, fora programado para descer a rua no meio da tarde, e por isso ela estava fechada. Isso me deu esperança de que poderíamos conseguir no final das contas. Nenhum de nós queria que Dan ficasse decepcionado e eu sempre adoro um desafio. Então entramos em ação.

Começamos a conversar com os trabalhadores que tinham fechado a rua. No começo, eles não tinham ideia do que queríamos. Depois, quando entenderam por de estávamos ali, cruzaram os braços, ficaram sólidos como rocha e nos disseram que não dava. Era o trabalho deles, eles que mandavam e não iam sair dali. No entanto, eu tive de rir quando conversamos com um dos trabalhadores, que tinha cerca de vinte e cinco anos de idade. Quando dissemos que Dan queria uma foto como a do disco dos Beatles e que a original tinha sido tirada bem ali, o jovem perguntou: "Sério? Foi aqui?"

Conversamos mais um pouco com os rapazes. Fizemos piada. Oferecemos levar todos eles para almoçar. Falamos sobre o longo caminho que percorremos para chegar até lá e quanto isso tudo significava para Dan. "Vocês podem virar os ídolos do Dan", expliquei. Pouco depois, vi que eles estavam começando a amolecer. Finalmente um cara enorme com um sotaque forte disse: "Ah, vamos ajudar os ianques. Que mal pode fazer?"

Quando fui ver, era como se eles estivessem trabalhando para nós. Começaram a tirar os cones e os caminhões. Deixaram até mesmo Patti, esposa de Dan, subir em um dos caminhões para tirar a foto, para que ela ficasse do mesmo ângulo da foto original dos Beatles. Rapidamente formamos fila: primeiro Tim, depois Andy, depois eu (sem sapatos, como Paul McCartney), e finalmente Dan. Foi um momento que não esqueceremos tão cedo e a foto fica na minha mesa até hoje para me lembrar dele.

Trabalhando com persistência

Naquele dia de verão em Londres, obtivemos sucesso por causa de um talento extraordinário? Não. Foi por causa de nossa sincronia? Com certeza não, já que nosso timing nos colocou em apuros, para início de conversa. Foi poder ou número? Não, havia apenas seis de nós. Conseguimos porque fomos tenazes. Nossa vontade de tirar aquela foto era tão forte que o sucesso para nossa pequena equipe era quase inevitável.

É apropriado terminar a discussão das qualidades essenciais de um trabalhador de equipe falando sobre tenacidade porque a tenacidade é crucial para o sucesso. Mesmo as pessoas que não têm talento e não cultivam algumas das outras qualidades vitais de um trabalhador de equipe têm a chance de contribuir com o time e ajudá-lo a obter sucesso se tiverem espírito tenaz.

Ser tenaz significa...

1. DAR TUDO QUE VOCÊ TEM, NÃO MAIS DO QUE TEM

Algumas pessoas que não têm tenacidade não a têm porque equivocadamente acreditam que ser tenaz exige delas mais do que têm a oferecer. Como resultado, elas não se forçam. No entanto, ser tenaz exige que você dê 100% — não mais, mas certamente não menos. Se você der tudo de si, obterá todas as oportunidades possíveis para o sucesso.

Veja o caso do General George Washington. Durante todo o curso da Guerra da Revolução, ele ganhou apenas três batalhas. Mas deu tudo que tinha, e quando ganhava, isso contava. O general britânico Cornwallis, que se rendeu a Washington em Yorktown para acabar com a guerra, disse ao comandante norte-americano: "Senhor, saúdo-o não só como um grande líder de homens, mas como um cavalheiro cristão indomável que se recusava a desistir."

2. TRABALHAR COM DETERMINAÇÃO, NÃO ESPERAR PELO DESTINO

Pessoas tenazes não confiam na sorte ou no destino para seu sucesso. E quando as condições ficam difíceis, elas continuam trabalhando. Elas sabem que a hora de tentar não é a hora de desistir de tentar. E é isso que faz a diferença. Para as milhares de pessoas que desistem, sempre existe alguém como Thomas Edison, que disse: "Eu começo onde o último homem parou."

3. Desistir quando o trabalho está terminado, não quando você está cansado

Robert Strauss afirmou que "o sucesso é um pouco como lutar com um gorila. Você não desiste quando está cansado — você desiste quando o gorila está cansado". Se quer que sua equipe tenha sucesso, você tem de continuar a forçar além do que acha que pode fazer e descobrir do que realmente é capaz. Não é o primeiro mas o último passo na corrida de revezamento, o último arremesso no jogo de basquete, os últimos metros com a bola antes do gol que fazem a diferença, pois é ali que se ganha o jogo. O escritor motivacional Napoleon Hill resumiu: "Toda pessoa de sucesso descobre que o grande sucesso está logo depois do ponto onde estão convencidos de que sua ideia não vai funcionar." A tenacidade persiste até o trabalho estar terminado.

Quão tenaz você é? Quando os outros já desistiram, você aguenta firme? Se já está nos quarenta minutos do segundo tempo e seu time está perdendo de um a zero, você já perdeu o jogo mentalmente ou está pronto para levar o time à vitória? Se a equipe não achou uma solução para um problema, você está disposto a continuar tentando até o fim para obter sucesso?

Se você às vezes desiste antes do resto da equipe, pode ser que precise de uma forte dose de tenacidade.

COMO SE TORNAR MAIS TENAZ

A. L. Williams diz: "Você vence 50% das pessoas nos EUA trabalhando duro. Você vence mais 40% sendo uma pessoa honesta e íntegra e defendendo aquilo em que acredita. Os últimos 10% é uma briga de cão e gato no sistema capitalista." Para melhorar sua tenacidade...

TRABALHE MAIS E/OU DE FORMA MAIS INTELIGENTE

Se você tende a ficar esperando a hora passar e nunca trabalha além da hora de desistir não importa o que aconteça, precisa mudar seus hábitos. Trabalhe mais sessenta ou noventa minutos por dia chegando ao trabalho de trinta a quarenta e cinco minutos adiantado e ficando a mesma quantidade de tempo depois da sua hora normal. Se você já trabalha inúmeras horas, então passe mais tempo planejando para tornar suas horas de trabalho mais eficientes.

DEFENDA ALGUMA COISA

Para obter sucesso, você deve agir com absoluta integridade. No entanto, se puder adicionar a isso o poder do propósito, terá uma vantagem adicional. Escreva em uma ficha como seu dia a dia de trabalho se relaciona com seu propósito geral. Depois reveja essa ficha diariamente para manter seu fogo emocional aceso.

Faça de seu trabalho um jogo

Nada alimenta a tenacidade como nossa natureza competitiva. Tente tirar proveito disso fazendo de seu trabalho um jogo. Encontre outros em sua organização que tenham objetivos parecidos e crie uma competição amigável com eles para motivar a todos.

Conseguindo o impossível

As pessoas disseram que não podia ser feito — construir uma linha férrea do nível do mar na costa do Oceano Pacífico até a Cordilheira dos Andes, a segunda maior cordilheira do mundo, depois do Himalaia. No entanto, era isso que Ernest Malinowski, um engenheiro nascido na Polônia, queria fazer. Em 1859, ele propôs construir uma linha de trem de Callao, na costa do Peru, até o interior do país — a uma elevação de mais de quatro mil e quinhentos metros. Se conseguisse, seria a linha de trem mais alta do mundo.

Os Andes são montanhas traiçoeiras. A altitude dificulta o trabalho, mas somem-se a isso condições glaciais, geleiras e o potencial para atividade vulcânica. E as montanhas sobem do nível do mar a milhares de metros em uma curtíssima distância. Subir a alta altitude nas montanhas irregulares exigiria desvios, ziguezagues e numerosas pontes e túneis.

Mas Malinowski e suas equipes de trabalho conseguiram. Jans S. Plachta disse: "Existem aproximadamente 100 túneis e pontes, alguns dos quais são grandes feitos da engenharia. É difícil visualizar como essa tarefa poderia ter sido realizada com equipamentos de construção relativamente primitivos, altas altitudes e terreno montanhoso como obstáculos." A estrada de ferro está de pé até hoje como testamento da tenacidade dos homens que a construíram. Não importa o que tenha acontecido a eles durante o processo, Malinowski e sua equipe nunca, nunca, nunca desistiram.

Capítulo 9

Estou me esforçando para continuar aprendendo?

O dia em que você para de crescer
é o começo do fim do seu sucesso.

Se você vir a imagem de um homenzinho exibindo um pequeno bigode, carregando uma bengala e usando calças baggy, sapatos grandes e desajeitados e um chapéu derby, sabe imediatamente que é Charlie Chaplin. Quase todo mundo o reconhece. Nas décadas de 1910 e 1920, ele era a pessoa mais famosa e reconhecida no planeta. Se olhássemos para as celebridades de hoje, a única pessoa, ao menos na mesma categoria que Chaplin em popularidade, seria Michael Jordan. E para medir quem é a maior estrela, teríamos de esperar mais setenta e cinco anos para descobrir o quanto todo mundo se lembra de Michael.

Quando Chaplin nasceu, ninguém poderia ter previsto grande fama para ele. Nascido na pobreza como filho de músicos ingleses de teatro, ele se viu na rua ainda garoto quando sua mãe foi internada. Depois de anos em abrigos e orfanatos, começou a trabalhar no palco para se sustentar. Aos dezessete anos, era artista veterano. Em 1914, com apenas vinte e poucos anos, trabalhou para Mack Sennett nos Keystone Studios em Hollywood ganhando 150 dólares por semana. Durante aquele primeiro ano no ramo do cinema, fez trinta e cinco filmes trabalhando como ator, escritor e diretor. Todo mundo reconheceu seu talento imediatamente, e sua popularidade cresceu. Um ano depois, ganhava 1.250 dólares por semana. Depois, em 1918, fez uma coisa inédita. Assinou o primeiro contrato de 1 milhão de dólares da indústria do entretenimento. Era rico; era famoso; e era o cineasta mais poderoso do mundo — à flor de seus vinte e nove anos.

Chaplin era bem-sucedido porque tinha grande talento e incrível determinação. Mas esses traços foram alimentados por sua capacidade e disposição para aprender. Ele se esforçava continuamente para crescer, aprender e aperfeiçoar sua arte. Mesmo quando era o artista mais popular e mais bem-pago *do mundo*, não estava satisfeito com a situação.

Chaplin explicou sua vontade de melhorar a um entrevistador:

> Quando estou assistindo a um dos meus filmes apresentados a uma plateia, sempre presto muita atenção às coisas de que as pessoas não riem. Se, por exemplo, várias plateias

não riem de uma cena que eu quero que seja engraçada, imediatamente começo a desmembrar esse truque em pedaços e tento descobrir o que estava errado em sua ideia ou execução. Se ouço um pequeno riso com alguma coisa que não esperava que fosse engraçada, me pergunto por que essa cena em particular obteve uma gargalhada.

Essa vontade de crescer tornou-o bem-sucedido economicamente e o levou a um alto nível de excelência em tudo que fazia. No princípio, o trabalho de Chaplin era tido como entretenimento maravilhoso. Com o passar do tempo, ele foi reconhecido como um gênio cômico. Hoje muitos de seus filmes são considerados obras-primas, e ele é tido como um dos maiores cineastas de todos os tempos. O roteirista e crítico de cinema James Agee escreveu: "A melhor mímica, a emoção mais profunda, e a poesia mais pungente e rica estavam nos trabalhos de Chaplin."

Se Chaplin tivesse substituído sua disposição para aprender por presunção arrogante quando ficou famoso, seu nome estaria bem ao lado dos de Ford Sterling ou Ben Turpin, estrelas do cinema mudo que estão esquecidas hoje. Mas Chaplin continuou a crescer e aprender como ator, diretor, e eventualmente executivo do cinema. Quando aprendeu por experiência própria que os cineastas estavam à mercê dos estúdios e distribuidores, começou sua própria organização, a United Artists, junto com Douglas Fairbanks, Mary Pickford e D.W. Griffith. A empresa de cinema ainda funciona hoje.

Continue se movendo!

Pessoas bem-sucedidas encaram o perigo da satisfação com o *status quo*. Afinal, se uma pessoa de sucesso já possui influência e já conseguiu um nível de respeito, por que deveria continuar crescendo? A resposta é simples:

> Seu crescimento determina quem você é.
> Quem você é determina quem você atrai.
> Quem você atrai determina o sucesso da sua organização.

Se quer que sua organização cresça, *você* precisa continuar aprendendo.

Permita-me lhe apresentar cinco regras para ajudar a cultivar e manter sua determinação para aprender:

1. Cure sua doença do destino

Ironicamente, a falta de disposição para aprender muitas vezes tem sua raiz nas conquistas. Algumas pessoas erroneamente acreditam que, se conseguem chegar a um objetivo em particular, elas não precisam mais crescer. Pode acontecer com quase qualquer coisa: conquistar um diploma, alcançar uma posição desejada, receber um prêmio em particular ou atingir um objetivo financeiro.

Mas as pessoas eficazes não podem se dar ao luxo de pensar assim. O dia em que param de crescer é o dia em que sacrificam seu potencial — e o potencial da organização.

Lembre-se das palavras de Ray Kroc: "Enquanto você está verde, está crescendo. Assim que amadurece, você começa a apodrecer."

2. Vença o seu sucesso

Outra ironia da disposição para aprender é que o sucesso muitas vezes a atrapalha. As pessoas eficazes sabem que o que as levou até onde estão não as manterá lá. Se você já teve sucesso no passado, cuidado. E pense nisto: se o que fez ontem ainda parece grande, você ainda não fez muita coisa hoje.

3. Mantenha-se longe dos atalhos

Minha amiga Nancy Dornan diz: "A maior distância entre dois pontos é um atalho." Isso é realmente verdadeiro. Para tudo de valor na vida, você paga um preço. Quando desejar crescer em uma determinada área, descubra o que isso realmente vai exigir, incluindo o preço, e depois decida pagá-lo.

4. Abra mão de seu orgulho

A disposição para aprender exige que admitamos que não sabemos tudo e isso pode nos fazer ficar mal aos olhos dos outros. Além disso, se continuarmos aprendendo, também devemos continuar a cometer erros. Mas, como disse o escritor e especialista em arte Elbert Hubbard: "O maior erro que uma pessoa pode cometer é ficar continuamente temendo que cometerá um erro." Você não pode ser orgulhoso e ter disposição para aprender ao mesmo tempo. Emerson escreveu: "Para tudo que você ganha, perde algo." Para ganhar crescimento, abra mão de seu orgulho.

5. Nunca pague duas vezes pelo mesmo erro

Teddy Roosevelt afirmou: "Aquele que não comete erros, não progride." Isso é verdade. Mas a pessoa que continuar cometendo *os mesmos erros* também não progride. Como uma pessoa com disposição para aprender, você cometerá erros. Esqueça-os, mas sempre lembre o que eles lhe ensinaram. Se não lembrar, sempre pagará por eles mais de uma vez.

Quando eu era criança no Ohio rural, vi uma placa em uma loja de produtos agrícolas que dizia assim: "Se você não gosta do que está colhendo, verifique as sementes que está plantando". Embora a placa fosse um anúncio para sementes, continha um princípio maravilhoso.

O que você está colhendo? Sua vida e liderança parecem melhorar a cada dia, cada mês, cada ano? Ou está constantemente lutando só para defender seu território? Se não está onde esperava estar a essa altura na sua vida, seu problema pode ser falta de disposição para aprender. Quando foi a última vez que fez uma coisa pela primeira vez? Quando foi a última vez que se expôs vulnerável ao mergulhar em algo na qual não era especialista? Observe sua atitude em relação a crescer e aprender durante os próximos dias ou semanas para ver onde está.

NUNCA PARE DE CRESCER

Para melhorar sua disposição para aprender, faça o seguinte:

OBSERVE COMO VOCÊ REAGE A ERROS

Você admite seus erros? Você se desculpa quando deve? Ou fica na defensiva? Observe-se. E pergunte a opinião de um amigo em quem confie. Se reage mal — ou não comete erros — precisa trabalhar na sua capacidade de aprender.

TENTE ALGO NOVO

Esforce-se hoje para fazer alguma coisa diferente que vai lhe ampliar mental, emocional ou fisicamente. Desafios nos mudam para melhor. Se você realmente quer começar a crescer, torne novos desafios parte de suas atividades diárias.

APRENDA NA SUA ÁREA MAIS FORTE

Leia de seis a doze livros por ano sobre liderança ou sua área de especialização. Continuar a aprender em uma área onde já se é especialista impede que você se esgote e perca a disposição para aprender.

Depois de vencer seu terceiro campeonato mundial, o toureiro Tuff Hedeman não comemorou muito. Foi para Denver para começar a nova temporada — e todo o processo novamente. Seu comentário: "O touro não vai se importar com o que eu fiz na semana passada." Quer você seja um novato inexperiente ou um veterano de sucesso, se quiser ser um campeão amanhã, tenha disposição para aprender hoje.

PARTE III

SUCESSO NO PRÓXIMO NÍVEL

Capítulo 10

Estou disposto a fazer os trabalhos difíceis?

As pessoas de sucesso fazem as coisas que os fracassados não estão dispostos a fazer.

Já foi dito que um grupo de auxílio na África do Sul uma vez escreveu para o missionário e explorador David Livingstone perguntando: "Já encontrou uma boa estrada que vai até onde você está? Se tiver encontrado, queremos saber como enviar outros homens para se juntarem a você."

Livingstone respondeu: "Se você tem homens que só virão se souberem que há uma boa estrada, eu não os quero. Quero homens que venham mesmo se não houver estrada nenhuma." É isso que os maiores líderes querem das pessoas que trabalham para eles: querem indivíduos que estejam dispostos a fazer o que os outros não fazem.

Poucas coisas ganham o apreço de um grande líder mais rapidamente do que um empregado com uma atitude faço-o-que-for-preciso. É isso que as pessoas de sucesso devem ter. Elas devem estar dispostas e capazes de pensar além da descrição de suas funções, estar dispostas a aceitar os tipos de trabalho que os outros são orgulhosos demais ou têm medo demais para aceitar. São essas coisas que geralmente elevam as pessoas de sucesso acima de seus colegas.

O que significa fazer o que os outros se recusam a fazer

Talvez você já tenha uma mentalidade de fazer o que for preciso, e se uma tarefa for honesta, ética e benéfica, está disposto a aceitá-la. Se for assim, que bom! Agora tudo que você precisa saber é como transformar essa atitude em ação para fazer as coisas que terão um maior impacto e criarão influência com os outros. Aqui estão as dez coisas que mais recomendo que você faça para se tornar uma pessoa de sucesso e um bom líder:

1. As pessoas de sucesso aceitam os trabalhos difíceis

A capacidade de completar tarefas difíceis ganha o respeito dos outros muito rápido. Em *Você nasceu para liderar*, afirmo que uma das maneiras mais rápidas de ganhar liderança é a solução de problemas.

> Sempre há problemas no trabalho, em casa e na vida de forma geral. Minha observação é que as pessoas não gostam de problemas, cansam-se rapidamente e fazem qualquer coisa para se livrar deles. Esse clima faz com que os outros ponham em suas mãos as rédeas da liderança — mas você tem de decidir se está disposto a tratar dos problemas dessas pessoas ou prefere treiná-las para resolvê-los. Sua habilidade para resolver problemas sempre será necessária, pois as pessoas sempre têm problemas.[1]

Pegar os trabalhos mais difíceis não só lhe garante respeito, como também ajuda a se tornar um líder melhor. Você aprende resiliência e tenacidade com as tarefas difíceis, não com as fáceis. Líderes são forjados quando têm de fazer escolhas difíceis e os resultados são difíceis de atingir.

2. As pessoas de sucesso pagam o preço

O ex-senador dos EUA Sam Nunn disse: "Você tem de pagar o preço. Verá que tudo na vida tem um preço, e terá de decidir se o preço vale o prêmio." Para se tornar uma pessoa de sucesso, você terá de pagar um preço. Terá de abrir mão de outras oportunidades para poder liderar. Terá de sacrificar alguns objetivos pessoais em prol dos outros. Terá de sair de sua zona de conforto e fazer coisas que nunca fez antes. Terá de continuar aprendendo e crescendo mesmo quando não o quiser. Terá de pôr os outros repetidamente em primeiro plano. E se quiser ser um líder muito bom mesmo, terá de fazer essas coisas sem ostentação ou reclamações. Mas lembre-se, como disse George Halas, lenda da NFL – National Football League [Liga Nacional de Rugby]: "Quem deu seu melhor jamais se arrependeu."

3. As pessoas de sucesso trabalham na obscuridade

Admiro muito a importância da liderança. Acho que isso é óbvio para um cara cujo lema é "Tudo sobe e desce com a liderança". Ocasionalmente algumas pessoas me perguntam onde o ego entra na equação da liderança. Elas querem saber o que impede um líder de ter um ego enorme. Acho que a resposta está no caminho de cada líder até a liderança. Se as pessoas pagaram seu preço e deram seu melhor na obscuridade, o ego geralmente não é um problema.

Um dos meus exemplos favoritos ocorreu na vida de Moisés no Antigo Testamento. Embora hebreu por nascença, viveu uma vida de privilégios no palácio do Egito até os quarenta anos de idade. Mas depois de matar um egípcio, foi exilado ao deserto por quarenta anos. Lá Deus o usou como pastor e pai, e depois de quatro décadas de serviço fiel na obscuridade, Moisés foi chamado à liderança. A Escritura diz que nesse tempo ele era o homem mais humilde do mundo. Bill Purvis, pastor sênior de uma grande igreja de Columbus, Geórgia, disse: "Se você fizer o que pode, com o que tem, onde estiver, então Deus não o deixará onde está e aumentará o que você tem."

A romancista e poeta inglesa Emily Bronte disse: "Se eu pudesse, sempre trabalharia em silêncio e na obscuridade, e deixaria meus esforços serem conhecidos por seus resultados." Nem todo mundo quer ficar fora dos holofotes como ela. Mas é importante para um líder aprender a trabalhar na obscuridade porque isso é um teste de integridade pessoal. A chave é estar disposto a fazer uma coisa porque ela é importante, não porque você será notado.

4. AS PESSOAS DE SUCESSO VENCEM COM AS PESSOAS DIFÍCEIS

As pessoas trabalhando na base de uma organização normalmente não têm como escolher com quem trabalham. Como resultado disso, muitas vezes precisam trabalhar com pessoas difíceis. Já as pessoas no topo quase nunca têm de trabalhar com pessoas difíceis porque podem escolher com quem trabalham. Se alguém com quem elas trabalham se torna difícil, geralmente demitem ou transferem essa pessoa.

Para os líderes nos cargos médios, o caminho é diferente. Eles têm alguma escolha, mas não controle total. Talvez não possam se livrar das pessoas difíceis, mas muitas vezes podem evitar trabalhar com elas. Mas os bons líderes — aqueles que aprendem a liderar em qualquer situação — encontram um jeito de vencer com pessoas que são difíceis de se trabalhar. Por que fazem isso? Porque é bom para a organização. Como o fazem? Esforçam-se para achar um terreno em comum e se conectam com elas. E em vez de colocar essas pessoas difíceis em seu lugar, eles tentam se colocar no lugar deles.

5. As pessoas de sucesso se colocam na reta

Se você quer ter sucesso, deve distinguir-se de seus colegas. Como você faz isso, especialmente quando está pagando seu preço ou trabalhando na obscuridade? Um jeito é se arriscar. Você não tem como ficar em segurança e se destacar ao mesmo tempo.

Aqui está o truque sobre riscos quando você trabalha em uma organização. Você nunca deve ser casual em relação a arriscar o que não é seu. Eu chamo isso de "apostar com o dinheiro dos outros". Você não tem o direito de colocar a organização em perigo. Como também não seria certo criar alto risco para os outros na organização. Se vai arriscar, deve se colocar na reta. Aja de forma inteligente, mas não aja só quando tiver plena segurança.

6. Pessoas de sucesso admitem erros, mas nunca dão desculpas

É mais fácil ir do fracasso para o sucesso do que das desculpas para o sucesso. E você terá maior credibilidade com seu líder se admitir suas falhas e não inventar desculpas. É claro, isso não significa que você não precisa produzir resultados. O treinador e tutor de beisebol McDonald Valentine disse: "Quanto mais alto seu nível, menos desculpas eles aceitam."

Uma boa hora para cometer erros e aprender é antes de ser reconhecido pelos outros como bem-sucedido. É aí que você vai querer descobrir sua identidade e resolver coisas. Você pode descobrir os pontos fortes da sua liderança antes de ter uma posição de liderança. Se falhar em uma área, pode se esforçar para vencer seus erros. Se você continuar cometendo os mesmos erros, pode aprender a transpor um obstáculo, ou pode descobrir uma área de fraqueza onde terá de trabalhar em equipe com outros. Mas não importa o que aconteça, não invente desculpas. Steven Brown, presidente do Fortune Group, resumiu isso: "Essencialmente, há duas ações na vida: desempenho e desculpas. Decida qual você vai aceitar de si mesmo."

7. AS PESSOAS DE SUCESSO FAZEM MAIS DO QUE É ESPERADO

As expectativas são altas para as pessoas no topo. E, infelizmente, em muitas organizações as expectativas para as pessoas na base são baixas. Mas as expectativas são misturadas nos cargos médios da organização. Assim, se você trabalha em uma organização e faz mais do que é esperado, você se destaca, e muitas vezes pode conseguir resultados maravilhosos e inesperados.

Quando Chris Hodges, pastor sênior que é doador e treinador voluntário da EQUIP, estava trabalhando como membro de uma grande igreja em Baton Rouge, seu chefe, Larry Stockstill, teve a oportunidade de se tornar o apresentador de um programa ao vivo de televisão. Chris não tinha responsabilidades em relação ao programa, e era, na verdade, razoavelmente baixo na hierarquia da organização. Mas sabia que o programa era importante para Larry, então Chris tomou para si a tarefa de ir ao estúdio e assistir à primeira gravação. No fim das contas, foi o único membro a estar presente.

Havia muita animação no estúdio enquanto a hora da primeira transmissão se aproximava. Essa animação rapidamente se transformou em pânico quando o convidado que estava agendado para aparecer no programa ligou dizendo que estava com problemas para chegar. O convidado não estava preocupado, porque pensou que poderiam começar a gravação mais tarde. O que ele não sabia era que o programa estava agendado para ir ao ar ao vivo!

Naquele momento, Larry olhou em volta, viu Chris e disse: "Você será meu convidado hoje." A equipe correu, pôs um microfone em Chris, passou maquiagem nele e o sentou na cadeira ao lado de Larry. Então, para grande choque de Chris, quando as luzes se acenderam e as câmeras começaram a filmar, Larry falou que Chris era o coapresentador.

Chris acabou ficando no programa com Larry toda semana por dois anos e meio. A experiência o modificou para sempre. Não só solidificou seu relacionamento com seu líder, como também o deixou conhecido na comunidade. Mais importante, ele aprendeu a improvisar bem em público e se tornar um comunicador melhor, habilidades que lhe são muito úteis todos os dias de sua vida. E isso aconteceu porque ele decidiu fazer mais do que era esperado dele.

8. Pessoas de sucesso são as primeiras a se levantar e ajudar

Em *Vencendo com as pessoas*, eu indico que ser o primeiro a ajudar os outros é uma excelente maneira de fazê-los se sentirem valorizados. Mostra que você se importa. O tipo de influência que ganha por ajudar um colega também é ganho com seu líder quando você levanta e ajuda os outros. Você não percebeu que as seguintes afirmações são verdadeiras?

- A primeira pessoa a se oferecer é um herói e recebe o tratamento "nota 10".
- A segunda pessoa é considerada um ajudante e é vista como apenas um pouco acima da média.
- A terceira pessoa, junto com todos os outros, é vista como seguidora e é ignorada.

Não importa quem você está ajudando, seja seu chefe, um colega ou uma pessoa que trabalha para você. Quando ajuda alguém da equipe, ajuda toda a equipe. E quando ajuda a equipe, você está ajudando seus líderes. E isso dá a eles razões para notá-lo e valorizá-lo.

9. PESSOAS DE SUCESSO FAZEM TAREFAS QUE NÃO SÃO "O TRABALHO DELAS"

Poucas coisas são mais frustrantes para um líder do que alguém se recusar a fazer uma tarefa porque não é "seu trabalho". (Em momentos como esses, a maioria dos grandes líderes que eu conheço se sente tentado a convidar tais pessoas a ficar sem trabalho!) As pessoas de sucesso não pensam nesses termos. Elas entendem a Lei da Perspectiva Global de *As 17 incontestáveis leis do trabalho em equipe*: "O objetivo é mais importante do que a função."

O objetivo de uma pessoa de sucesso é terminar o trabalho, preencher a visão da organização e seu líder. Isso muitas vezes significa fazer o que for preciso. Quando o líder está mais no "topo", isso muitas vezes significa contratar uma pessoa para fazer o trabalho, mas líderes nos cargos médios não têm essa opção. Então, em vez disso, arregaçam as mangas e fazem por si mesmos.

10. Pessoas de sucesso assumem suas responsabilidades

Recentemente vi um desenho onde um pai está lendo uma história para seu filho dormir. O título na capa do livro é *A História de Jó*, e o menino tem apenas uma pergunta para seu pai: "Por que ele não processou alguém?"

Não é assim que muitas pessoas pensam hoje em dia? Sua reação instintiva à adversidade é culpar alguém. Esse não é o caso com pessoas de sucesso. Elas agarram suas responsabilidades e vão até o fim 100%.

A falta de responsabilidade pode acabar com um negócio no que diz respeito às pessoas que trabalham para mim. Quando meus funcionários não fazem o trabalho, com certeza eu fico desapontado. Mas estou disposto a trabalhar com eles para ajudá-los a melhorar — se assumirem a responsabilidade por si mesmos. Eu sei que vão se esforçar para melhorar se tomarem a responsabilidade para si e tiverem disposição para aprender. Não temos como melhorar, no entanto, se eles não fizerem o trabalho e não assumirem a responsabilidade. Nesses casos, é hora de seguir adiante e encontrar outra pessoa para tomar o lugar deles.

O que você está disposto a fazer?

J. C. Penney disse: "A menos que você esteja disposto a mergulhar no seu trabalho além da capacidade do homem médio, você não foi feito para as posições no topo." Eu diria que também não foi feito para liderança nos cargos médios! As pessoas que querem ser eficazes estão dispostas a fazer o que os outros não estão. E por causa disso, seus líderes estão dispostos a investir nelas, promovê-las e serem influenciados por elas.

Capítulo 11

Estou pronto para elevar o nível do meu jogo?

Pessoas de sucesso se tornam os craques do time.

A Lei do Catalisador em *As 17 incontestáveis leis do trabalho em equipe* diz que times vencedores têm jogadores que fazem as coisas acontecerem. Isso é sempre verdade — seja nos esportes, negócios, governo ou outra arena. Os membros do time que podem fazer as coisas acontecerem são os craques. Eles demonstram competência, responsabilidade e confiabilidade de forma consistente.

Times de sucesso têm seus craques

Todo mundo admira os craques e volta os olhos para eles quando a coisa "esquenta" — não só seus líderes, mas também seus seguidores e colegas. Quando eu penso em craques, quero dizer as pessoas que sempre produzem.

1. Craques produzem quando a pressão é alta

Há muitos tipos diferentes de pessoas no lugar de trabalho, e você pode medi-las de acordo com o que elas fazem para a organização:

O QUE FAZEM	TIPO DE JOGADOR
Nunca fazem o trabalho	Prejudicial
Às vezes fazem o trabalho	Medíocre
Sempre fazem o trabalho em sua zona de conforto	Valioso
Sempre fazem o trabalho independentemente da situação	Sem preço

Craques são as pessoas que arranjam um jeito de fazer as coisas acontecerem seja o que for. Eles não precisam estar em um ambiente familiar. Não precisam estar em sua zona de conforto. As circunstâncias não precisam ser justas ou favoráveis. A pressão não os atrapalha também. Na verdade, na pior das hipóteses, quanto mais pressão houver, mais eles gostam. Sempre produzem quando a coisa "esquenta".

2. Craques sempre produzem quando os recursos são escassos

Em 2004, quando *Today Matters* [Hoje Importa] saiu e estavam frequentemente me pedindo para falar sobre ele, fui chamado para sessões sucessivas em Little Rock, Arkansas.

Na primeira sessão, esgotaram os livros do lugar. Quando o líder da organização para a qual eu estava falando descobriu isso, mobilizou algumas pessoas de seu grupo e as enviou a todas as livrarias da cidade para comprar mais cópias do livro, para que seu pessoal pudesse ter acesso a eles logo depois da segunda sessão. Acho que ele acabou comprando todos os exemplares da cidade.

O que eu adorei em relação a isso foi que ele queria que seu pessoal se beneficiasse com o livro, e sabia que se não tivesse o livro ali quando eu terminasse de falar, provavelmente eles não iam comprar um exemplar. Então o homem fez as coisas acontecerem — mesmo tendo de comprar os livros a preço de varejo e vendê-los sem lucro. Deu um trabalhão e não teve nenhum retorno financeiro. Que líder!

3. CRAQUES PRODUZEM QUANDO O IMPULSO ESTÁ BAIXO

Organizações têm apenas três tipos de pessoas no que diz respeito ao impulso. Há os quebradores de impulso — as pessoas que sabotam o líder ou a organização e na verdade minam o impulso como resultado. Essas pessoas têm uma atitude terrível e representam os 10% de baixo da organização. (Na General Electric, Jack Welch fez de seu objetivo todos os anos identificar e demitir essas pessoas.) O segundo grupo é formado pelos tomadores de impulso — as pessoas que meramente pegam as coisas quando as veem. Elas nem criam nem diminuem o impulso; simplesmente vão com o fluxo. Essas pessoas representam as 80% do meio.

O grupo final são os criadores de impulso — as pessoas que movem as coisas para frente e criam impulso. Esses são os líderes na organização e são compostos pelos 10% do topo. Esses criadores de impulso progridem. Eles transpõem obstáculos. Ajudam a mover os outros. Na verdade, criam energia na organização quando o resto da equipe está se sentindo cansado ou desmotivado.

4. Craques produzem quando a carga está pesada

Bons funcionários sempre têm vontade de ajudar seus líderes. Já trabalhei com muitos deles ao longo dos anos. Sempre valorizo quando alguém que trabalha comigo diz: "Já terminei meu trabalho. Posso fazer algo para você?" Mas existe outro nível de jogo que os craques alcançam e você pode ver em sua habilidade de carregar uma carga pesada sempre que seu líder precisa. Eles não têm de ajudar o líder com uma carga pesada só quando a deles está leve. Fazem isso sempre que a carga de seu líder está pesada.

Linda Eggers, Tim Elmore e Dan Reiland são exemplos de carregadores de cargas pesadas para mim. Há anos, quando estou sob pressão, eles pegam algumas das minhas tarefas e as completam com excelência. Dan Reiland é tão incrível com isso que continua a fazer isso até hoje — e ele nem trabalha mais para mim. Faz isso como amigo.

As chaves para se tornar esse tipo de jogador são disponibilidade e responsabilidade. Ser um carregador de carga pesada é uma questão de atitude, não de posição. Se você está disposto e tem capacidade de carregar a carga de seus líderes quando eles precisam, terá influência sobre eles.

5. CRAQUES PRODUZEM QUANDO O LÍDER ESTÁ AUSENTE

A maior oportunidade para um líder nos cargos médios de uma organização de se distinguir é quando o líder está ausente. É nesses momentos que existe um vácuo de liderança, e líderes podem se colocar à altura e preenchê-lo. É verdade, quando os líderes sabem que estarão ausentes, geralmente designam um líder para tomar seu lugar. Mas mesmo assim, ainda há oportunidades para as pessoas se levantarem, tomarem a responsabilidade e brilharem.

Se você se levantar para liderar quando há um vácuo, pode ter uma chance muito boa de se destacar. Também deve saber, no entanto, que quando as pessoas se levantam para preencher esse vácuo, quase sempre isso mostra quem elas são de verdade. Se suas motivações são boas, e desejam liderar para o bem da organização, isso vai aparecer. Se estão tentando agarrar o poder para ganhos pessoais e sua própria promoção, isso vai aparecer também.

6. CRAQUES PRODUZEM QUANDO O TEMPO É LIMITADO

Adoro uma placa em um pequeno negócio chamado "As 57 regras para entregar os produtos". Sob o título estava escrito:

Regra 1: Entregar os Produtos
Regra 2: As Outras 56 Não Importam

Essa é a filosofia dos craques. Eles entregam o trabalho não importa quão difícil esteja a situação.

Procure sua oportunidade de se destacar

Quando eu estava trabalhando neste capítulo, Rod Loy me contou uma história sobre quando ele era líder com um cargo médio dentro de uma organização. Em uma grande reunião, seu líder anunciou um novo programa que disse que estava em progresso. Rod escutou interessado, porque não sabia disso. Parecia ótimo, mas então seu líder anunciou que Rod lideraria o programa e qualquer um que estivesse interessado poderia conversar com ele sobre isso depois da reunião.

Rod não tinha sido informado sobre seu papel no programa, mas isso não importava. Durante o resto da reunião, enquanto seu líder falava, Rod rapidamente esboçou o design e o plano de ação para o programa. Quando a reunião acabou e as pessoas se aproximaram dele, ele comunicou seu plano e o lançou. Rod disse que pode não ter sido seu melhor trabalho, mas foi um bom trabalho dadas as circunstâncias. Criou uma vitória para a organização, preservou a credibilidade de seu líder, e foi bom para o pessoal.

Pode ser que você nunca se veja no tipo de situação em que Rod se viu. Mas se adotar a atitude positiva e a tenacidade de um craque, e pegar toda oportunidade de fazer as coisas acontecerem, provavelmente fará como ele fez sob circunstâncias parecidas. Se fizer isso, seu líder vai passar a confiar em você, e as pessoas em quem confiamos aumentam sua influência e credibilidade todos os dias em que trabalhamos com elas.

Capítulo 12

Estou pronto para liderar no próximo nível?

Para alcançar o próximo nível, guie os outros para o sucesso.

Organizações em crescimento estão sempre procurando pessoas boas para subirem ao próximo nível e liderarem. Como elas descobrem se uma pessoa é qualificada para dar esse salto? Olhando para o histórico dessa pessoa em sua posição atual. A chave para subir como líder emergente é focar em ser bem-sucedido onde você está e liderar bem nesse nível, não em subir a escada. Se você é bem-sucedido onde está, acredito que receberá uma oportunidade de vencer em um nível mais alto.

Para subir, aprenda a liderar

Enquanto você se esforça para ter o máximo de sucesso que conseguir, tenha em mente as seguintes coisas:

1. A LIDERANÇA É UMA JORNADA QUE COMEÇA ONDE VOCÊ ESTÁ, NÃO ONDE QUER ESTAR

Recentemente, enquanto eu dirigia meu carro, um veículo à minha esquerda tentou virar à direita da pista do meio e causou um acidente. Felizmente, eu consegui frear rapidamente e reduzir o impacto; mas, ainda assim, meus *airbags* abriram, e os dois carros foram bem danificados.

A primeira coisa que notei quando parei e avaliei a situação foi que a telinha do computador do meu carro estava mostrando minha localização exata de acordo com o sistema de GPS. Eu olhei por um momento, me perguntando por que o carro estava me dizendo minha exata latitude e longitude. Aí pensei: *É claro!* Se você está em apuros e chama por socorro, a primeira coisa que os atendentes da emergência vão querer saber é a sua localização. Você não pode ir a lugar nenhum se não souber onde está.

Com a liderança é parecido. Para saber aonde você quer ir, precisa saber onde está. Para chegar onde quer ir, primeiro precisa se concentrar no que está fazendo agora. O premiado jornalista esportivo Ken Rosenthals disse: "Cada vez que você decide crescer de novo, percebe que está começando na base de outra escada." Você precisa ter os olhos fixos nas suas atuais responsabilidades, não nas que deseja ter um dia. Nunca conheci uma pessoa concentrada no ontem que tivesse conquistado um amanhã melhor.

2. As habilidades de liderança são as mesmas, mas a "liga" muda

Se você for promovido, não ache que só porque seu novo escritório está apenas a uns poucos metros descendo o corredor do seu lugar anterior que a diferença é apenas alguns passos. Quando você é "chamado para subir" para um outro nível de liderança, a qualidade do seu jogo deve subir rápido.

Não importa em que nível você está trabalhando, as habilidades de liderança são necessárias nesse nível. Cada novo nível exige um grau de habilidade mais alto. O lugar mais fácil para ver isso é nos esportes. Alguns jogadores podem dar o salto da liga recreativa à liga colegial. Poucos podem ir da colegial para a universitária. E apenas uns poucos conseguem chegar ao nível profissional.

Sua melhor chance de ingressar na próxima "liga de jogo" é crescer no nível atual para ser capaz de passar para o próximo nível.

3. Grandes responsabilidades só vêm depois de lidar bem com as pequenas

Quando eu ensino em uma conferência ou vou para uma sessão de autógrafos, às vezes as pessoas me confidenciam que gostariam de escrever livros, também.

— Como eu começo? — perguntam.

— O que você sabe escrever? — pergunto em retorno.

Alguns me contam sobre artigos e outras coisas que estão escrevendo, e eu simplesmente os encorajo, mas na maior parte do tempo eles respondem timidamente:

— Bem, na verdade ainda não escrevi nada.

— Então você precisa começar a escrever — explico. — Você precisa começar devagar e depois vá melhorando.

Com a liderança é o mesmo. Você precisa começar devagar e melhorar. Uma pessoa que nunca liderou antes precisa tentar influenciar outra pessoa. Uma pessoa que tem alguma influência deve tentar construir uma equipe. Comece apenas com o que é necessário.

São Francisco de Assis disse: "Comece fazendo o que é necessário; depois faça o que é possível; e de repente você está fazendo o impossível." Toda boa liderança começa onde você está. Foi Napoleão que disse: "As únicas conquistas que são permanentes e não deixam arrependimentos são nossas conquistas sobre nós mesmos." As pequenas responsabilidades que você tem à sua frente agora envolvem a primeira grande conquista de liderança que você deve fazer. Não tente conquistar o mundo até ter cuidado das coisas no seu próprio quintal.

4. Liderar no seu nível atual cria seu currículo para ir para o próximo nível

Quando você vai ver um médico pela primeira vez, geralmente ele faz várias perguntas sobre seu histórico familiar. Na verdade, geralmente há mais perguntas sobre isso do que sobre seu estilo de vida. Por quê? Porque o histórico familiar, mais do que qualquer coisa, parece ser o que determina sua saúde.

No que diz respeito ao sucesso da liderança, o histórico também é semelhantemente desproporcional. O histórico de onde você trabalha agora é o que os líderes vão olhar quando estiverem tentando decidir se você pode fazer um trabalho. Eu sei que quando entrevisto alguém para um emprego, ponho 90% da ênfase no histórico.

Se você quer ter a chance de liderar em outro nível, então sua melhor chance de sucesso é liderar onde você está agora. Todo dia que você lidera e vence, está construindo um currículo para seu próximo emprego.

5. Quando você pode liderar voluntários bem, pode liderar praticamente qualquer um

Em uma conferência recente do Dia do Presidente onde estávamos discutindo desenvolvimento da liderança, um CEO me perguntou: "Como posso escolher o melhor líder de um pequeno grupo de líderes? O que devo procurar?"

Existem muitas coisas que indicam que alguém tem potencial para liderança — a habilidade de fazer as coisas acontecerem, fortes habilidades interpessoais, visão, vontade, habilidades de resolução de problemas, autodisciplina, forte ética de trabalho. Mas existe um teste muito bom de liderança que é quase à prova de erros, e foi isso que sugeri: "Peça que liderem um grupo voluntário."

Se você quiser testar sua própria liderança, então tente liderar voluntários. Por que isso é tão difícil? Porque com voluntários você não tem vantagem posicional. É necessária toda habilidade de liderança para fazer com que pessoas que não são obrigadas façam o que você pede. Se não está desafiando o bastante, elas perdem interesse. Se forçar demais, elas pulam fora. Se suas habilidades interpessoais forem fracas, elas não vão passar nenhum tempo com você. Se não conseguir comunicar a visão, elas não saberão para onde ir ou por quê.

Se você liderar outras pessoas e sua organização tiver algum tipo de foco para serviços comunitários, incentive as pessoas da sua equipe a se tornarem voluntárias. Depois preste atenção para ver como elas se saem. Se elas forem muito bem naquele ambiente, então você sabe que elas têm muitas das qualificações para ir para um outro nível em sua organização.

Vivendo no próximo nível

Donald McGannon, antigo CEO da Westinghouse Broadcasting Corporation, disse: "A liderança é ação, não posição." Agir — e ajudar os outros a fazer o mesmo em um esforço coordenado — é a essência da liderança. Faça essas coisas onde você está e não ficará muito tempo lá.

Notas

Capítulo 3

1. Robert M. McMath e Thom Forbes. *What Were They Thinking?* Nova York: Random House, 1998.
2. Patricia Sellers. "Now Bounce Back!" *Fortune*. 1º de maio de 1995, pp. 50–51.

Capítulo 4

1. Tommy Franks e Malcolm McConnell. *American Soldier*. Nova York: Regan Books, 2004, p. 99.
2. Jim Collins. *Empresas feitas para vencer*. Rio de Janeiro: Campus, 2001, p. 139.

Capítulo 5

1. Ella Wheeler Wilcox. "Which Are You?". *Custer and Other Poems*. Chicago: W. B. Conkey Company, 1896, p. 134.
2. Anônimo.

Capítulo 10

1. John C. Maxwell. *Você nasceu para liderar*. Rio de Janeiro: Thomas Nelson Brasil, 2008, pp. 75–76.

Sobre o autor

John C. Maxwell é um especialista em liderança, orador e escritor internacionalmente reconhecido que já vendeu mais de 16 milhões de livros. Suas organizações já treinaram mais de 2 milhões de líderes por todo o mundo. Maxwell é o fundador da EQUIP e da INJOY Stewardship Services. Todo ano ele fala para as maiores empresas, líderes governamentais internacionais, e plateias tão diversas quanto a Academia Militar dos EUA em West Point, a Liga Nacional de Futebol e embaixadores na ONU. Escritor entre os mais vendidos do *The New York Times*, *Wall Street Journal* e *Business Week*, Maxwell foi eleito o Maior Guru de Liderança do Mundo pelo Leadershipgurus.net. Ele também foi um dos únicos 25 autores e artistas nomeados no Hall da Fama do 10º Aniversário da Amazon.com. Três de seus livros, *As 21 irrefutáveis leis da liderança*, *Você nasceu para liderar* e *As 21 indispensáveis qualidades de um líder* já venderam mais de um milhão de cópias cada um.

Este livro foi composto em Bembo 12/16
e impresso pela Gráfica Ediouro sobre
papel Pólen bold 90g para a Thomas
Nelson Brasil em fevereiro de 2010.